María Antonieta Collins, con más de treinta y cinco años de carrera, ganadora de premios nacionales de periodismo como los prestigiosos Emmy y Edward R. Murrow, escribe la columna "Déjame Contarte" en la revista *Selecciones*, parte del Reader's Digest. Transmite diariamente la columna radial "*Casos y Cosas de Collins*" FDP/Network y sus 100 estaciones afiliadas en los Estados Unidos; es columnista de opinión de la cadena periodística El Sol de México y sus sesenta diarios; y escribe semanalmente la columna "De mujer a mujer" en *El Nuevo Herald* de Miami. Fue presentadora del *Noticiero Univisión: Fin de Semana*; corresponsal principal del programa de investigación periodística *Aquí y Ahora* de Univisión y presentadora del programa matutino *Cada Día* en Telemundo. Ha publicado seis libros, tres de ellos bestsellers. Es madre de tres hijos y vive en Miami.

www.mariaantonietacollins.com

¡Porque **quiero,** porque **puedo** y porque **me da la gana!**

CÓMO SALIR DE CUALQUIER CRISIS

María Antonieta Collins

Una rama de HarperCollinsPublishers

*A Raymundo Collins,
¡un homenaje a lo que significa ser
un gran hermano!*

Contenido

Primera parte
Porque quiero

Segunda parte
Porque puedo

Tercera parte
¡Porque me da la gana!

¡Gracias por ayudarme a hacer lo que se me pegara la gana!

Gracias a

Rene Alegria, Cecilia Molinari, Raúl Mateu, Cristina Sarale-gui, Marcos Ávila, Emilio Estefan, Armando Correa, Raymundo Collins, Juanita Castro, Angie Artiles, Vanessa Rico, Dr. Carlos Wolf, Dr. Alejandro Junger, Carolina Castro, Pedro Bonilla, Gio Alma, Catriel Leiras, Mauricio Zeilic, Julio Bevione, Laura García, Jorge Torres-Sojo, Dr. Carlos Ramírez-Mejía, Ivonne Fiad, William Gil, George A. Fiad., Zasha Morell, mi instructora de salsa, María Brown, mi maestra de piano, Renán García, Chata Muñoz de Tubilla, Rosa "Uki" Cuellar y Anjanette Delgado, Blanca Telleria, Josué Rivas, Hercilia Mendizabal, Carolina Castro.

Y a
Adrianna, Antonietta, Antón y Laura, mis hijos.

Así como a
Dumbo y Tropi, mis perros, y Pepe Cabecita, Lupillo, Lancherita, Botas, Mantecosita, Oliver y Shakiro, los gatos más felices
del mundo cuando escribo libros porque pueden estar junto a
mi computadora ronroneando palabra por palabra.

A todos con todo mi corazón.

Prólogo

por Armando Correa

Cuando María Antonieta Collins me vino a visitar a Nueva York y me presentó varias propuestas de título para su próximo libro —el séptimo en ocho años—, no dudé un segundo en reconocer que *Porque quiero, porque puedo y porque me da la gana*, era la mejor opción.

¿Qué más podía definir a mi querida MAC que ese irreverente encabezamiento? Y créanme, muchas decisiones que ha tomado MAC y que me ha tocado vivir de cerca, tienen al final esa premisa. Las ha tomado porque quiere, simplemente porque puede y, por ende, porque le da la gana.

El día que MAC tomó la drástica decisión de abandonar su silla en el prestigioso Noticiero Univisión: Fin de Semana —trono que llevaba ocupando desde hacía diecinueve años— muchos pudieron haber pensado que se había vuelto loca. Aún recuerdo su informal despedida en Roma, frente a las cámaras, donde dijo: "Roma es más antigua que la religión católica.

Roma lo ha visto todo y hoy, con la elección del Sumo Pontífice número 264 de la Iglesia Católica, Roma lo ha vuelto a ver todo. Por mi parte desde Roma, vivir esto ha sido un privilegio, un enorme privilegio el haber estado con ustedes. Hasta siempre".

Y Univisión había sido su verdadero hogar. ¿Para dónde iría?

El salto fue impresionante. Un show con su nombre, *Cada día con María Antonieta*, abriría las mañanas en Telemundo, compitiendo con *Despierta América* en Univisión. Su primer show tuvo nada más y nada menos que al presidente de México Vicente Fox. Pero la competencia no se quedó atrás. Temerosos de la ola que arrastraría MAC, buscó a una estrella del calibre de Ricky Martin.

Muchos nos habituamos a verla en la mañana con su conversación firme y coloquial, hablándole de tú a tú a su público sin grandilocuencias, convirtiendo el estudio de Telemundo en su casa, donde incluso presentó a sus hijas.

Eso le mereció estar en una histórica portada de *People en Español*, la primera de 2006, como diva de la televisión junto a luminarias como Myrka Dellanos, Bárbara Bermudo, Charityn Goyco y Lili Estefan. De la noche a la mañana, la mujer que veíamos dándonos las noticias ahora nos cocinaba y nos daba consejos todas las mañanas. Ahora nos fijábamos en cómo se vestía y qué peinado traía. Era la transformación de María Antonieta Collins.

Después vinieron momentos difíciles. Telemundo cambia el nombre del programa a simplemente *Cada día* y, aunque pretendieron que ella fuera una presentadora más del show, su fuerte personalidad seguía inundando el espacio. MAC aguantó estoicamente. En medio de todo, a su esposo Fabio Fajardo le detectan cáncer terminal.

Fui a su apartamento en Miami Beach a una entrevista y sesión fotográfica con su esposo ya moribundo y con lágrimas en los ojos, en el balcón, con el fondo del océano a sus espaldas, me dijo: "Se me va el amor de mi vida".

Por si fuera poco, en medio de la tragedia, las noches sin dormir y las constantes visitas al médico, MAC descubriría que "el amor de su vida" la había traicionado. Incluso, esa otra mujer intentó extorsionarla. Su marido no sólo había sido infiel sino que era bígamo.

Así, dejando en casa los problemas, MAC llegaba cada día a miles de hogares con su contagiosa sonrisa. Cuando se iba a comerciales, en los descansos, la mirada de MAC quedaba en el vacío y minutos después se reponía para volver a dominar la pequeña pantalla con toda su energía.

Aunque le costó trabajo perdonar, se mantuvo al lado de su esposo durante esos amargos siete meses, hasta sus últimos minutos.

Al fallecer, MAC no se tiró en una cama a llorar sus desgracias. Había un público y un equipo de seguidores en su show que necesitaban de ella. Pero el peso, señores, fue inaguantable. Una obstrucción de una arteria cerebral por poco le cuesta la vida. En ese momento la vi caminar débilmente, mareada, sin equilibrio, pero siguiendo adelante.

MAC no es de las mujeres que se dejan vencer. Tomó las riendas de su vida —en realidad nunca las había dejado— y se puso a meditar por los caminos que había transitado.

Dejó Univisión porque no tenía alternativas: significaba seguir trabajando los fines de semanas o mantener su vida familiar con su esposo. Ella me cuenta que tenía que salvar su matrimonio. Entonces, el hombre por el que había dejado la cadena de televisión a la cual sigue llamando su hogar la traiciona.

Pero MAC no es una mujer que viva arrepintiéndose de sus decisiones. Al fin y al cabo están tomadas y ya, pero ahora, sin *Cada día* —el show dejó de transmitirse el 2 de junio de 2008—, sin contrato con Telemundo (ella anunció a la cadena ocho meses antes de que el show finalizara que no lo renovaría), debe ponerse a pensar hacia dónde va.

Ni yo, ni ustedes, sus fieles lectores, dudan del futuro de MAC. Sabemos que siempre habrá un proyecto por el que la vamos a admirar. Hoy es este libro, mañana será un programa en la radio y estoy seguro de que pronto la tendremos de vuelta en la pantalla chica. Y con sus proyectos, estaremos también con ella cada día.

La hemos visto batallar contra el exceso de peso y hemos seguido sus dietas y recetas, ha estado al lado de su hija en su lucha contra la obesidad, también nos ha sorprendido al sacar a la luz los abusos que sufrió su hija menor de manos de un novio, les ha dado consejos a las mujeres para saber lidiar con los ex, nos ha contado sin pelos en la lengua cómo sobrellevó la traición del hombre que amaba y ha salido adelante en su lucha contra la adicción a las tarjetas de crédito. MAC es un libro abierto y es eso lo que el público admira de ella, su sinceridad y su tenacidad.

Acabo de verla en la alfombra roja de la fiesta de *People en*

Español, con las estrellas del año, más rozagante que nunca. Al acercarse a mí, nos abrazamos y me preguntó frente a las cámaras, "Cómo me veo". MAC está espectacular. Una vez más se ha sometido a un régimen saludable para bajar de peso y en las páginas de *People en Español* aparecerá el antes y después de una MAC fabulosa.

No hay otra celebridad como ella, capaz de comunicarse con el público abiertamente. Ella cubre los problemas de la gente, pero tiene el coraje también de ventilar los suyos con franqueza. Esa es la clave de su triunfo. Esa es la llave de su éxito. Por eso sus libros tienen un ejército de seguidores.

La he visto llorar, la he visto enamorarse despiadadamente, la he visto entregarse a un hombre hasta los últimos momentos de su vida. La he visto dudar, la he visto confiar y desconfiar, la he visto desenamorarse, pero nunca la he visto, ni la quiero ver, refugiarse en la oscuridad.

MAC no tiene alma de víctima incluso cuando algunos la han querido victimizar. A veces pensamos que no puede más, que nada peor le puede ocurrir y, sin embargo, revive como el ave fénix. MAC no se da por vencida. Esa es su esencia.

He visto cómo compañeros han tratado de opacarla frente a las cámaras y ella ha mantenido con humildad su brío. No se deja doblegar y su silencio y permanencia son su mejor arma. Ante una acción negativa, ella regala una sonrisa. Ante una traición, ella responde con entrega.

La he visto orgullosa de sus hijas, apoyándolas, dándoles aliento, dándoles lecciones.

Admiro su capacidad de cubrir como una periodista sin igual las elecciones o una trascendental visita papal; su dominio ante tema, su dominio ante las cámaras. Admiro también su capacidad para desdoblarse en una sesión fotográfica y posar glamorosa con vestidos de alta costura, como si fuera una modelo de pasarela.

He visto su esencia mexicana, su esencia caribeña, su esencia latinoamericana. MAC es camaleónica. Es capaz de integrarse a cualquier círculo ya sea erudito o frívolo. Puede ser una noche la más mexicana de todas o la más cubana de Miami.

La seguiremos viendo subir a la cima y descender, reír y llorar, ser feliz y sentirse abandonada, tomar decisiones acertadas y erradas porque, en el largo camino que aún le queda por recorrer, MAC estará dando la batalla porque quiere, porque puede y porque le da la gana.

Armando Correa
Nueva York, 16 de diciembre de 2008

No estás sola…
¡eres libre!

*E*l título de este libro no es coincidencia, tampoco lo puso nadie ajeno a mí. Fui yo y sólo yo quien lo elegí para dejar testimonio del examen que como ser humano he tenido que aprobar con creces.

¿Qué más podía pasarme en un lapso de tres años? Cambié de empleo luego de toda una vida, mejor dicho, casi después de diecinueve años en un sitio. Por otro lado, no sólo me quedé literalmente sin esposo y no sólo descubrí la infidelidad del hombre con quién yo quería vivir hasta el último de mis días, sino que descubrí su terrible traición al cometer bigamia, lo cual me convirtió en víctima, mientras a él el destino le dio algo más: una terrible sentencia de muerte que al final me dejó en calidad de viuda.

En unos cuantos días quien era un hombre totalmente sano, que hacía ejercicio a diario, que no bebía ni se desvelaba ni tomaba alcohol, se vio invadido totalmente de un cáncer terminal que lo atacó silenciosamente y que terminó con su vida en siete meses y once días; yo lo acompañé hasta el final.

Después vino el tiempo en el que quedé totalmente devastada tratando de recuperarme de estas dos bombas atómicas que me cayeron simultáneamente —la infidelidad y el cáncer— y que terminaron con el paraíso donde creía haber vivido feliz durante doce años. Por si fuera poco como resultado del estrés, agotamiento y sufrimiento vividos, casi quedo paralítica por la obstrucción de una arteria cerebral, sumando esto a una depresión profunda.

Un buen día, luego de infinidad de tratamientos (convencionales y no convencionales, es decir, terapias, limpiezas, pastillas, psiquiatras, amigas y parientes) decidí que el muerto era el que estaba enterrado en un panteón y no yo que seguía respirando, por tanto, tenía que volver a vivir y dejar el pasado atrás.

En concreto, tuve que aprender a caminar nuevamente, es decir, volver a vivirlo todo. Por primera vez en toda mi vida viví para mí, para atenderme a mí misma, no a los hijos ni al esposo. Me descubrí en algunas cosas y me redescubrí en otras hasta que un buen día cuando estaba a punto de abandonarme a la desesperación porque la recuperación marchaba lenta, decidí que nada podría vencerme y que a partir de aquel día mi vida, mi nueva vida, incluido encontrar al hombre que sería mi pareja, iba a ser diferente de cómo viví anteriormente. Es decir, había llegado el momento de hacer las cosas por y para mí, y para nadie más que para mí.

Aprendí a que me importara un reverendo comino lo que dijeran los demás sin importar si eran parientes, amigos o simplemente personas malintencionadas. Aprendí por tanto a premiarme y consentirme ¿Quién más que yo para hacerlo? Me costó trabajo, pero cuando lo logré, le tomé un gusto enorme a regalarme cosas, a entender lo bueno que me ha llegado, aprendí a que podía escoger y no ser escogida, y logré sacar de mi vida lo que no era para mí aunque lo pareciera y, sobre todo, puse en práctica una sencilla oración gramatical: No soy una mujer sola… ¡Soy una mujer libre!

Ya no me pregunto nunca más: ¿Qué dirán mis hijos? ¿Qué pensará fulana o doña perengana? ¡Qué piensen lo que quieran todos juntos! Me importa un comino. Total, no le hago daño a nadie.

En base a esto construí a la "nueva Collins", la que pasó con creces el examen de ser humano y, junto a ella, a quien admiro tanto, decidí disfrutar el tiempo que me queda de vida siempre en base a tres mandamientos que me repito día y noche para ser feliz.

Hago esto o voy a hacer lo otro…

PORQUE QUIERO,
PORQUE PUEDO…
¡Y PORQUE ME DA LA GANA!

María Antonieta Collins
Miami, 16 de diciembre de 2008

Primera parte

Porque quiero

I

Querer es poder

*L*a mañana del 21 de agosto de 2008 no pudo ser más amarga a pesar de que me dirigía al sitio más fascinante para cualquier mortal: la ciudad de Nueva York. Pero en esa ocasión ni Nueva York ni nada más en la tierra podían darme paz, únicamente se me componía el ánimo al recordar las veces que había caído y las mismas que me había levantado, y de una cosa estaba segura: esta ocasión no iba a ser la excepción. Me iba a levantar más pronto de lo que los demás pensaran, pero me daba terror volver a sufrir. Mientras me dirigía al consultorio del Dr. Alejandro Junger en pleno corazón de Manhattan, no podía apartar de mi mente lo vivido en los tres meses anteriores y en especial los acontecimientos que se precipitaron a partir del 1 de junio.

En octubre de 2007, es decir, diez meses antes, mi agente Raúl Mateu anunció a Telemundo que no renegociaríamos un contrato al finalizar el que tenía porque yo regresaría a mi único y gran amor profesional: las noticias. Y por tanto, volvería a hacer lo que yo quisiera. Contrario a lo que haría cualquier cadena de televisión, Telemundo comprendió mi petición y decidió continuar con *Cada Día*, el show matutino que inicié, hasta que se cerrara el ciclo, asunto que terminó el 2 de junio de 2008. Que se acabara *Cada Día*, sin embargo, no fue nada fácil porque los finales, buenos o malos, son finales y significan el fin de algo. Mientras mi cuerpo se ajustaba a volver a dormir entrada la noche, es decir, dormirme como la mayoría, y levantarme por la mañana y no a las 3:45 de la madrugada como lo hice durante dos años y nueve meses, mi casa se había convertido en la guarida de la desazón: había todo, menos la paz por la que yo siempre trabajé. Enfrenté sorpresivamente lo que consideré la traición de alguien a quien le abrí las puertas de mi hogar y en medio de esto la relación con mi hija menor se había fracturado gravemente. Por si fuera poco mis finanzas requerían de que yo tomara el control urgentemente, que no estuvieran más en manos de una sola persona. Era un momento de peligro inimaginable. O tomaba el toro por los cuernos o aquello se convertiría en un cataclismo y, como si faltara "la cereza en el pastel", lo menos pensado se presentó. Es decir, la persona que yo pensaba era mi pareja, comenzó a comportarse "diferente" justo cuando terminó mi programa de televisión, es decir cuando el encanto de las cámaras y luces se apagaron temporalmente. ¿Olvidaba algo en toda esta lista celestial? ¡Sí, por supuesto! Como si fuera poco, el sobrepeso comenzó a atacarme sin clemencia y el estrés me provocaba comer a cada rato, lo cual me había llevado a subir nuevamente a casi 172 libras, que en mi cuerpo de 5 pies 2 pulgadas significaba que estaba irremediablemente o-be-sa.

La angustia y ansiedad me acompañaban las veinticuatro horas del día mientras el mundo me parecía que giraba más rápido que nunca y que me estaba tragando un túnel de acontecimientos.

La noche del 20 de agosto había sido una de un profundo estupor y dolor. Al reclamar la atención de mi pareja, que según me decían parecía más un amigo o un *roommate*, me confesó su verdad: "He tratado de aprender a quererte en este tiempo… pero no he podido".

Perpleja le pregunté: "Quiero entender bien… ¿Te mudaste a mi casa, y en todo ese tiempo nunca me quisiste?"

"Sí. Sólo Dios sabe que lo intenté, pero no lo logré", me respondió.

Le repliqué que nadie se va a vivir con nadie para "aprender a querer" a esa persona y mientras tanto, toma ventaja de las cosas que tiene la persona a quien está "aprendiendo a querer". ¡Válgame Dios!

Ante semejante declaración, que me dejó petrificada, no hubo más y aceptó mi inmediata petición de marcharse de mi casa tan pronto como al día siguiente y para que cumpliera eso, le facilité un pequeño estudio que tenía en otra parte de la ciudad donde podría estar hasta hallar otro sitio. En los próximos días recordar sus palabras fue un eco doloroso por lo crudo y fácil que le fue decir: "¿Qué pasa? No tienes por qué estar triste, simplemente hay relaciones que no se dan, y ésta no se dio y nada más. Así de sencillo. Esto es lo que hay y así soy".

Afortunadamente pude ser yo quien decidiera: Si eso era lo que había… ¡eso no era ni lo que yo merecía ni mucho menos lo que yo quería en la vida!

No dormí un solo minuto de aquella noche eterna. La rabia y la incertidumbre me dominaban. ¿Voy o no voy a Nueva York? ¿No será mejor cancelar el viaje? ¿Cómo ir al médico que mantiene flacas a Donna Karan y a Gwyneth Paltrow, y empezar con él una dieta que me va a quitar lo poco que me queda de felicidad y que me sirve de consuelo cuando la ansiedad me ataca?

Pero no me dejé vencer.

Temprano, ya en el aeropuerto de Miami, la llamada telefónica de mi hermano Raymundo Collins desde la Ciudad de México me volvió como siempre a la realidad. De inmediato, como desde que éramos niños, me dediqué a contarle a mi hermano menor mi larga lista de penalidades. Y él sabiamente me respondió:

"Todo era evidente, solo tú eras la única persona que no se daba cuenta o no querías darte cuenta. Ahora te sientes mal, pero yo por el contrario pienso que esta es una limpia necesaria de la gente negativa que rodeaba tu vida. Una limpia natural que Dios te ha mandado para que solitas esas personas se alejen y te permitan ser quien tú eres, pero en libertad. Los que se fueron eran como un ancla que te estaba hundiendo. A pesar de todo, nada de lo que te ha sucedido es lo suficientemente grave para desviar el curso de tu vida. Ahora sólo te queda poner en práctica lo que siempre hemos dicho en los momentos de crisis: la inteligencia rebasa cualquier situación física".

Ahí estaba Raymundo, como siempre, dándome la mano cuando me sentía débil.

La inteligencia rebasa cualquier situación física

¡Ay sí, qué fácil! Pero, ¿cómo hacerlo? ¿De dónde sacar fuerzas? Ahhh, esa es la verdadera prueba. Demostrar que se es fuerte no es cuestión de decirlo, hay que hacerlo.

Para probar que esto es así no hubo mejor fecha que el 21 de agosto de 2008. A pesar del deplorable estado emocional y físico en que me encontraba, (amén por el sabotaje de mi propia mente que me hacía no querer ir a la cita médica más importante del año), llegué a Nueva York con un dolor en el pecho que no era otra cosa que lo que pasa cuando el alma duele; esa sensación que siempre acompaña a una ruptura amorosa, a una muerte, a una despedida o a una pérdida, y que se manifiesta de manera sencilla: uno no puede respirar profundamente y, cuando lo intenta, el hueso medio de la caja torácica y los músculos que la forran provocan un dolor que tranca el aire y sólo permite que entre casi a sorbitos a los pulmones recordándole a uno que el alma duele. En verdad ese dolor existe, pero también es verdad que "la inteligencia rebasa cualquier situación física".

Con todo y esa sensación de dolor y desazón, y conforme iban pasando las horas del día y se acercaba el momento de mi cita en el Eleven Eleven Wellness Center, mi mente a ratos volaba hasta Miami donde a pesar de la distancia sabía lo que estaba sucediendo en mi casa como si tuviera una cámara, porque él estaba saliendo de mi vida para siempre y eso dolía. Si mis pensamientos estaban en otro lado, mi cuerpo físico estaba ahí en la capital del mundo frente al Dr. Alejandro Junger, el mismo que ha transformado la vida de decenas al igual que yo. Supe de él por primera vez con la agradable sorpresa que me dio Armando Correa, editor de *People en Español*. Mandy, como le llamamos cariñosamente sus amigos, me había invitado a desayunar a principios de agosto en Miami en el Hotel Mandarin Oriental. Desde un principio aquel día me dejó con la boca abierta: era otro Armando Correa. Fácilmente le calculé con 20 libras de menos lo que lo hacía verse guapísimo, súper en forma y desayunando, a pesar de las delicias culinarias del restaurante, con un descomunal plato de frutas tropicales que parecía disfrutar como si fuera el manjar más exquisito. ¡Nada de huevos fritos, ni tocineta, ni jamón, ni salchichas, ni café, ni pan, ni *French toast* como yo! Sentada frente a él lo observaba feliz, entusiasmado y sobre todo preocupado por mí y por el nada halagüeño panorama que yo estaba pasando.

"Tienes que venir a Nueva York. El Dr. Junger es tu solución para el sobrepeso y la intoxicación de tu cuerpo, y si yo perdí todo este peso, con un poco de fuerza de voluntad verás que tú también lo puedes hacer, y además te vas a sentir mejor que nunca porque tu cuerpo va a ser otro, libre de toxinas".

De más está decir que Armando me ayudó a obtener una cita y una vez fijada ésta, no hubo poder humano que me hiciera desistir de hacer el viaje, aunque no conté con que entonces iba a estar viviendo el mal de amores que casi me hace terminar con mis buenas intenciones.

Pero no fue así y de pronto estuve frente al Dr. Junger y a esos profundos ojos entre color gris acero, verde y azul que se clavan en cada paciente para descubrir el alma de quien llega buscando ayuda, y que no estaban haciendo la excepción conmigo. Por tanto, no me costó mucho esfuerzo y en menos de diez minutos, hecha un mar de lágrimas, le estaba pidiendo auxilio sabiendo que esta vez bajar de peso iba a ser doblemente difícil por la edad y las circunstancias especiales.

Esa era la desoladora imagen de María Antonieta Collins el 21 de agosto de 2008.

¿Acaso toda esa tormenta iba a poder contra mí? ¿Pueden destruir la traición, la desorganización financiera, el desamor, que faltara el oropel de la televisión y hasta el sobrepeso cuando ocurren todos juntos al mismo tiempo?

La respuesta es una: ¡No! ¡Nunca! Pero esto no se logra sólo con palabras y buenas intenciones. ¡Esa no era la María Antonieta Collins a quien quiero y admiro! Entonces, ¿qué hacer materialmente para poder salir del hueco? Lo primero era, sin lugar a dudas, trazar varios planes y seguirlos al pie de la letra. Los míos eran:

1. Cumplir con la dieta del Dr. Junger (que en otro capítulo detallo), lo que me iba a devolver la autoestima y por tanto me haría sentir mejor.
2. Controlar las finanzas, las salidas de dinero y mantener un presupuesto.

3. Olvidar el mal de amores razonando (algo que también explico más adelante).

4. Sanar el alma con ejercicios, los cuales encontrarás a lo largo de este libro.

5. Crear un nuevo entorno de colaboradores y verdaderos amigos, probados todos ellos en los tiempos difíciles.

6. Volver a poner en práctica cómo conseguir la paz y el perdón.

Y poniendo en práctica todo esto, con pocas fuerzas, sin energía, pero con las ganas más grandes de salir adelante, poco a poco comenzó mi nuevo camino para seguir demostrando que ¡querer es poder! Y aquí estoy.

Para recordar…

- Si te obligan a aceptar lo que no quieres, repite: "Si es lo que hay, eso no es lo que quiero… ¡ni lo que yo merezco!".

- La vida nos somete de tiempo en tiempo a "limpiezas de gente negativa en tu vida". Cuando esto te suceda, tómalo con calma. Se van para permitirte ser mejor y librarte de arrastres.

- La inteligencia rebasa cualquier situación física.

- Respira profundo, que si te duele hacerlo es porque tienes la tensión o el estrés concentrado en la parte media de tu pecho. Abre una ventana y respira profundamente. Sal a la calle, respira y tómate un momento, ¡verás que todo comienza a cambiar!

- Cuando todo lo malo te sucede al mismo tiempo, ¿puede terminarte? ¡No! ¡Nunca! Pero repítelo durante el día, cada vez que te venga un mal pensamiento.

2

La paz del perdón

Mi teléfono celular sonó a dos horas de finalizar el 31 de diciembre de 2008. En el camarote del barco, en medio del Mar Caribe donde, junto a mi hija Adrianna y un gran grupo de amigos decidí recibir el año nuevo, contesté al número no reconocido, sin saber quién estaría del otro lado. La voz me sonó familiar:

"Soy fulana de tal... y aunque hemos estado distanciadas no quise dejar de pasar el día sin decirte que te quiero mucho y que te deseo lo mejor para el año nuevo".

Era precisamente la persona que me había causado sentir tanto dolor en mi entorno privado y que, sin lugar a dudas, en un acto que le agradezco por el valor que requirió para hacerlo, me llamó antes de finalizar el año.

Pude haber sido grosera, hiriente y soberbia, como lo es otra gente en circunstancias similares, pero no, yo no soy así.

Con las lágrimas a flor de piel sólo pude decirle antes de trancar el teléfono que le deseaba lo mejor para el 2009, y lo dije de todo corazón.

Al colgar me quedé sin palabras. ¡Cuánto había significado esa llamada para sanar mis heridas! Mi mente voló entonces al infierno de lo sucedido siete meses antes, a la tormenta que tuve que enfrentar durante 2008.

La relación con Antonietta se había ido deteriorando inexplicablemente luego de que se graduara de la universidad, cuando precisamente tuvo que regresar a vivir a la casa mientras encontraba empleo. Reconozco que mi rigidez para criar a mis hijas, en el caso de Antonietta, provocó fricción, pero esto es normal y tiene lugar en la mayoría de los casos en algún momento de la vida entre madre e hijas. Soy una madre exigente, de mano dura, sí, pero esa misma mano es también la de una madre proveedora de lo que mis hijas siempre han necesitado y la misma que se extiende al instante para sacarlas de cuanto problema tengan.

"Lo que yo no entiendo es ¿por qué me mira con tanto odio?", le preguntaba yo a esta persona allegada a mí. "¿Por qué? Si tú sabes que yo le pago casa, auto, seguro médico y del auto, los préstamos estudiantiles y ¡hasta le doy una tarjeta para sus gastos de gasolina, ropa y comida! ¿Por qué comportarse así?"

"No te preocupes que yo voy a hablar con ella y tú verás que todo se arreglará", me respondió. "Déjamelo a mí. Pero no te metas. Yo sé como arreglarlo. Lo que sucede es que tú eres muy fuerte y no sabes cómo tratarla. Te ayudaré porque no me gusta que madre e hija estén enojadas".

Aunque no estuve de acuerdo del todo con su punto de vista, como yo tenía tantas otras cosas que resolver, dejé en sus manos la solución de los problemas con Antonietta quien, dicho sea de paso, nunca quería sentarse a hablar conmigo y esquivaba encontrarnos tanto como pudiera.

Las cosas fueron de mal en peor en mayo de 2008, cuando me informa esta persona que Antonietta había gastado casi $5.000 en la tarjeta de crédito en un solo mes. Me dijo que ella no podía hacer nada más por mi hija y para mejorar mi relación con ésta. ¡Por supuesto que yo estaba al borde del infarto!

"¿Cómo y por qué me hace esto?", le pregunté desolada.

"Porque no les importas, y ahora soy yo también quien ya no las entiendo a las dos. La solución es que te olvides de esas muchachas. Por lo menos durante un tiempo no debes volver a hablar con ninguna de las dos ¡porque a tus espaldas se burlan de ti! Así, de esa manera aprenderán y te valorarán. Antonietta me dijo que Adrianna había hablado con ella y que le dijo 'Mi mamá esta loca, haz lo que se te plazca que al fin y al cabo después terminará perdonándote. Así que no le hagas caso alguno'".

Nunca olvidaré ese momento. Como madre fue doloroso escuchar todo aquello que venía, supuestamente, de la boca de mis hijas.

"Mira que siempre pensé que eras dura con ellas", siguió diciendo esta persona, "pero ¡tienes toda la razón! Estas chiquitas no sé qué tienen en la cabeza y no sólo no les importas, sino que creen que pueden hacer lo que se les viene en gana ¡y eso no lo puedes permitir! Ahora sólo te queda pagar lo que gastó en la tarjeta de crédito y nada, no vuelvas a hablar con ellas. ¡No lo hagas! Pero cúmplelo, ¡no les tomes ni una sola llamada telefónica! ¡Mira que ahora te doy toda la razón!"

Dolida, especialmente porque en dos días era el Día de las Madres y en cuatro mi cumpleaños, le prometí que con todo lo que me había dicho de ninguna forma iba a responderles las llamadas a ninguna de mis dos hijas, y así lo hice. Antonietta me llamó y me dejó mensajes por el Día de las Madres y por mi cumpleaños y, por supuesto, Adrianna intentó decenas de veces hablar conmigo para felicitarme los dos días siguientes, y yo, dolida, tal y como había prometido, no le respondí.

"Olvídalo, hiciste bien", me consolaba esta persona. "Por lo menos ahora dales una lección y no les respondas. Más adelante ya veremos".

Adrianna Collins, mi hija mayor, es más inteligente y viva que el hambre. Al día siguiente de mi cumpleaños, al ver que yo no le había respondido, decidió llamarme de un número desconocido:

"¿Qué pasa, jefa? Te llamé el Día de las Madres y ayer en tu cumpleaños y no me respondiste. ¿Dónde andabas picarona?", me dijo.

Decidida a terminar con aquello de la misma forma directa en que soy, le contesté: "Adri, vamos a dejarnos de mentiras. Sé lo que tú le dijiste a tu hermana por el asunto de los cinco mil dólares que gastó en un mes en la tarjeta de crédito. Esta allegada me dijo lo que tú le aconsejaste a tu hermana y lo que ambas piensan de mí. Les voy a aclarar algo. ¡No estoy loca! Y si las ayudo y les perdono cosas es porque las quiero y esa es una de mis formas de demostrárselo. No seré la mejor madre, pero tampoco estoy ni remotamente en la lista de las peores madres, todo lo contrario, porque siempre me la he jugado por ustedes. Yo sola las he mantenido y las he enviado a los colegios privados donde han estudiado desde su primera escuela. Así que si con lo grandes que están, no lo han entendido… ¡esto se acabó! Vamos a dejarnos de hablar un tiempo hasta que ustedes razonen y se den cuenta del daño que me hacen. Díselo a Antonietta. Ni estoy loca ni voy a permitir más burlas. Ella también está fuera de mi vida".

Los gritos de Adrianna se escucharon en China.

"¿Que queeeeeé? Mamá, ¡no entiendo nada de lo que me dices! ¿De qué tarjeta hablas que mi hermana gastó cinco mil dólares en un mes?"

Conozco a Adrianna como que fui yo quien la parí y por su reacción instantánea comencé a pensar que no estaba al tanto del lío…

"¿Qué cosa le dije yo de ti? ¡Vamos a aclararlo todo! ¡Ahora mismo hablo con ella porque ni siquiera hemos hablado por teléfono!"

Después de darle los detalles decidí desconectar el teléfono esa noche para poder dormir. Habían sido días de inmensa tensión. Al día siguiente mi celular tenía decenas de llamadas de Adrianna.

"Hablé anoche con Antonietta y la puse verde por el dinero que gastó en la tarjeta. ¡No se midió! Le dije también que tiene que irse del departamento de la playa y empezar a mantenerse ella misma. Lo que has decidido con Antonietta de alejarla de tu vida un tiempo ella se lo ganó con sus malas acciones, pero quiero decirte algo: otra persona más tiene que salir también de tu vida porque es la que anda haciéndote todo el daño a tus espaldas, ¡tú sabes a quién me refiero!"

"¡Imposible!", le respondí. "Esa persona lo único que ha hecho es tratar de ayudarme con tu hermana que se ha comportado terriblemente e inexplicablemente mal conmigo".

"Mamaaá, *please*, hazme caso que estás ciega. Anoche intenté hablar con esa persona para reclamarle y no me contestó ni en el celular ni el teléfono de su casa, pero ya le dejé unos cuantos mensajes. ¡Esa persona es quien ha envenenado todo lo que está pasando a tu alrededor! ¡Abre los ojos, *please*!"

Tuve que colgar el teléfono y decirle a Adrianna que la llamaría más tarde porque en ese momento había llegado la persona de quien hablábamos. Traía la cara descompuesta y recuerdo que me dijo:

"Te dije que no hablaras con tus hijas y lo hiciste, ¡allá tu! Antonietta me contó que hablaste con su hermana. ¿No me habías dicho que no lo harías? ¿No te has dado cuenta de que las dos son unas delincuentitas que no te quieren? ¡Yo no sé qué hago metida en todo esto! Mi familia, a quien le he contado lo que está pasando aquí, me dice que no tengo necesidad de estar viviendo esto, pero yo lo hago para ayudarte y porque soy tu amiga, pero esas muchachas, las dos son unos demonios, ¡qué va!"

Hasta ahí llegaron sus insultos y hasta ahí decidí seguir escuchándola. Con esa calma que sólo me sale en los momentos más graves de mi vida, cuando no digo malas palabras, ni grito, ni hago nada más que hablar en voz baja, le dije:

"Tienes razón y también la tiene toda tu familia a la que le has ido a contar tu versión de lo que pasa en mi casa y que te aconseja no meterte en nada que no sea tuyo porque no tienes derecho a hacerlo. Te has metido en lo que no te importa porque has querido, pero se acabó. Si mis hijas son para ti unas delincuentes y son el demonio, ¡igual son mis hijas y no permitiré que nadie me las toque! Hasta aquí llegó todo. No tienes que volver a hacer absolutamente nada conmigo".

Se quedó helada con mi reacción y rápidamente intentó cambiar el rumbo de este intercambio de palabras: "No, yo no quise decir eso ni mucho menos insultarte, pero me enoja que tus hijas te traten así".

Había traspasado todos los límites y las barreras. Sin embargo, todavía no sabía la magnitud del problema que se había creado, eso lo supe un poco más tarde cuando Adrianna me explicó lo que había causado que su hermana menor cambiara totalmente conmigo en los últimos meses.

"Aunque Antonietta no tiene disculpa alguna, lo que pasó fue que esta persona la llenó de celos y rabia contra ti", me explicó Adrianna. "Tú sabes que mi hermana no es como yo, que no permito que nadie me venga a decir nada de ti. Imagínate que cada vez que tú gastabas un dólar con tu novio, de inmediato se lo informaba a Antonietta. Si tú le contabas que habías tenido un problema con él, rápidamente se lo decía a Antonietta. Le contaba todo a su manera. La fue llenando de odio contra él y contra ti. Lo grave es que tenía dos caras. Le metía veneno a mi hermana y a ti te decía otra cosa. Pero todo se le fue de control cuando empezó a incitarla a que gastara en la tarjeta diciéndole: 'Si gasta con ese hombre que no es de tu familia, que lo gaste contigo que eres su hija'. Además, le llenaba la cabeza de cosas muy fuertes. Le decía que estabas a punto de suicidarte, que vivías a base de pastillas para los nervios y que estabas a punto de quedarte bajo un puente por todo lo que gastabas con el hombre ese con el que andabas".

¡Esa era la explicación del por qué de la conducta agresiva de Antonietta! Pero, ¿cómo iba yo a dudar de una de mis personas más cercanas en los últimos años? ¿Cómo sospechar de quien me estaba ofreciendo ayudarme con mi hija? Si hubiera tenido los ojos abiertos, con sólo recordar una de las escenas más famosas de *El Padrino* me hubiera bastado. Fue como cuando Vito Corleone previene a su hijo Michael: "Aquel que venga a ofrecerte intervenir para traer la paz... ése es el que te va a traicionar".

¡Qué sabia frase, irónicamente mi favorita de la trilogía de esas películas y que tan bien se adaptaba a la situación que vivíamos en ese momento!

Adrianna, furiosa, seguía sin parar analizando lo que nos había fracturado a las tres como madre e hijas: "No le bastó el daño a Antonietta sino que también intentó aislarte de mí. ¿Por qué no quería que volvieras a hablar conmigo e inventó que yo le dije a Antonietta que estabas loca? Si en verdad tú hubieras estado 'empastillada' como ella decía, si todo estaba mal financieramente contigo y además estabas enloquecida gastando con tu novio, ¿por qué no me llamó para que de inmediato viniera a poner orden en tu casa? ¿Por qué no llamó a mi tío Raymundo, con quien tú hablas todos los días, y lo puso al tanto de esta situación? ¡Porque sabía que con una sola llamada telefónica ambos hubiéramos estado en Miami en cuestión de horas! No, lo que logró fue traernos problemas a ti y de paso a mi hermana, quien se merece el castigo que le has impuesto por haber hecho caso a quien quería hacerle daño a su madre. Pero como esta historia la tenemos que sacar de nuestro sistema, sólo quiero que sepas que también involucró en su red de chismes a las personas que colaboran contigo en la casa. Así que habla con ellas para que te cuenten los detalles. Esto me tiene asqueada".

Así estaba yo también, asqueada. Bien decía aquel que afirma: "Entre el control y el caos hay una línea indeleble".

No hay mal que por bien no venga

Mi amiga la Chata Tubilla ni se inmutó cuando le conté a lágrima viva esta triste historia.

"Sólo tú no lo veías ni quisiste escuchar a nadie que quiso prevenirte. Había algo que siempre me dio mala espina con ella, pero como tú la defendías tanto, no había nada más que hacer ni qué decirte. Fíjate cómo yo nunca, que te conozco desde niña y he visto nacer a tus hijas, he intervenido en nada a menos que tú me lo pidas. Hay límites, palabras y circunstancias que nadie debe cruzar y eso, desgraciadamente, ha sido una de las muchísimas lecciones por aprender".

Con mi hermano Raymundo las cosas fueron más profundas porque sabía el dolor que esa situación había provocado: me había quedado sin quien consideré por mucho tiempo mi amiga, a quien quise y defendí como tal, y de paso estaba sin mi hija menor que por cualesquiera de las razones que le dijeran, se había aliado a quien me había dañado. Raymundo fue quien de inmediato y como siempre, convocó a una reunión familiar para mostrarnos la enseñanza de este triste e innecesario episodio que le puede suceder a cualquiera.

"A ti Antonietta esto te enseña que a nadie, absolutamente a nadie que venga a hablarte mal de tu familia, ¡y mucho menos de tu madre!, le puedes abrir las puertas", empezó diciendo Raymundo. "Nadie que siembra cizaña con los tuyos, que son lo único que tienes y que te están ayudando a enfrentar la vida, puede querer hacerte bien y mucho menos puedes aliarte con ellos, y si algo similar pasa, en lugar de abrir la boca al final cuando han acabado contigo y con los tuyos, ábrela al principio, igual que lo hiciste ahora con tu hermana o conmigo, pero hazlo antes de que el daño esté hecho."

"A ti", siguió Raymundo, hablándome a mí, "como madre tienes que olvidar el dolor que te pudo provocar un hijo. Los hijos no traicionan. Los hijos hacen las cosas hasta donde nosotros se los permitimos. Pusiste el alto, ahora ella sabe que para lograr el perdón tienen que pasar lo mismo, un lapso de tiempo y muchas buenas acciones de su parte para reconciliarse. Cuando eso suceda y ella dé el primer paso, entonces comenzará el proceso de curación de esta herida. De quienes te hagan daño escudados en la amistad, sólo puedo pedirte que abras los ojos, que no te tapes los oídos como lo haz hecho para no escuchar y que no pienses en lo que tú no le harías a nadie sino en lo que alguien que no te quiere te puede hacer a ti".

¿Cómo terminó la historia? Como Dios lo había predestinado. En verdad que Él trabaja en forma misteriosa y sólo Él sabe cuándo tienen que suceder las cosas.

Un día, meses después del incidente, cuando mi hija menor

había encontrado empleo fuera de Miami, mientras yo pasaba por el dolor del final de aquella relación sentimental que yo tenía y esa persona ya se había mudado de mi casa, tocaron a mi puerta y era mi hija. Antonietta valientemente vino a pedirme perdón, a hablar de frente conmigo y a contarme de su nueva vida —de la que siempre estuve enterada porque a través de Adrianna (y sin que Antonietta lo supiera, ya que lo que ganaba era muy poco y estaba cursando una maestría) era yo quien le cubría los gastos con el dinero que puntualmente su hermana le entregaba.

Esa noche, como cuando era pequeñita, me pidió dormir en mi recámara conmigo, en mi cama. Fue la curación de la herida.

¿Cuándo ocurrió esta reconciliación? Cuando yo estaba atravesando sentimentalmente un periodo difícil y más la necesitaba. Ocurrió también cuando se había dado en mi alma la inmensa paz del perdón, ya que tanto a mi hija, como a la persona que provocó innecesariamente este dolor y, de paso, hasta a la ex pareja, ¡a todos los había perdonado! Y esa es la prueba de cuándo las enseñanzas surten efecto.

Por todo esto, aquella llamada del 31 de diciembre de 2008 hecha por la misma persona que fue parte de esa situación tuvo un enorme valor espiritual. Y se lo agradecí enormemente. Tomé en cuenta su coraje para tomar el teléfono y llamarme sin importarle si mi reacción iba a ser buena o mala, ¡y eso fue más que suficiente! Estoy segura de que también a ella eso le hizo mucho bien porque la hizo crecer como ser humano y la limpió del mal karma por lo ocurrido unos meses atrás.

Por supuesto que fue uno de mis mejores regalos navideños

porque sorpresivamente pude cerrar todo un capítulo triste de mi vida, algo doblemente significativo porque vino a suceder ¡en las últimas horas del año viejo, que de esta forma se llevó todo lo malo!

Qué hacer para sanar

Los pasos para superar una situación tan común como esta, una situación en la que confiamos en la persona equivocada y que le puede suceder a cualquiera, son los siguientes:

Primero, hay que evaluar los daños y lidiar con las situaciones que se presentan por separado. En este caso fíjate como sólo te hablo de las heridas emocionales. Es muy común que en situaciones como estas en los primeros días y, quizá hasta durante semanas, los pensamientos recurrentes que tengas sean de rabia. No los evites. Siéntelos, date cuenta de que los tienes, son normales. Sin embargo, ten en cuenta que lo anormal y peligroso por lo dañino es que estos pensamientos y esas personas se conviertan en parte de tu vida diaria, es decir, que a toda hora sigas pensando en lo que te hicieron y, por tanto, se te recicle la rabia. Para no dejar que esta rabia te carcoma, luego de una semana —máximo dos— tienes que darte cuenta de que tus pensamientos ya no te están haciendo bien, que no son parte de ningún proceso de curación, que no son saludables y los tienes que desechar. Mi táctica para lograr esto es sencilla: cuando más rabia me da pensar en esa persona de inmediato comienzo a rezar un padrenuestro. Tú puedes reemplazar la oración con una frase que te haga sentir bien, como tu "mantra" favorito. El éxito radica en la substitución de lo negativo por lo positivo.

El siguiente paso es PER-DO-NAR. Hazlo, y no te arrepentirás, porque eso te ayudará a erradicar el rencor y la rabia. ¡Ah! y para que nada te dañe, tienes que escuchar todas las alertas que llegan a tu vida.

No olvides esto: Dios toca lo suficientemente fuerte a tu puerta para que lo escuches. ¡Así que no te tapes las orejas para no oírlo!

Para recordar...

- Da el beneficio de la duda cuando dos o más personas te prevengan sobre un amigo, pero escucha.
- Nunca menosprecies el daño que alguien puede causarte comparándolo con lo que tú nunca le harías a otra persona.
- Demuestra nobleza cuando el que te haga mal venga a hablar contigo.
- Recuerda que la paz del perdón es el único instrumento para que la curación de las heridas del alma sucedan pronto. No hay reconciliación sin perdón.
- Deja fluir los sentimientos de rabia y traición, ¡pero nunca mas allá de dos semanas! Evita que se conviertan en parte de tu vida.
- Reemplaza lo negativo con algo positivo cada vez que pienses en esas personas que te hayan hecho mal.
- No olvides que Dios toca lo suficientemente fuerte a tu puerta para que lo escuches. ¡Así que no te tapes las orejas para no oírlo!

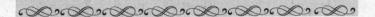

3

El inspirador y el motivador
(al mal tiempo buena cara)

¡Uy sí, cómo no! Qué fácil es decir que cuando todo está en tu contra siempre tienes que mostrar tu mejor ánimo, tu mejor cara, tu mejor sonrisa. ¿Cómo hacerlo si lo que menos quieres hacer es ver todo aquello que te es un sinónimo del desastre en que se ha convertido tu vida? ¿Quién en estas circunstancias quiere abrir un estado de cuenta bancario o una tarjeta de crédito para revisarlo? Al día siguiente de la partida de esta persona allegada y curiosa porque entre las cosas que le había dicho a mi hija menor estaba su pronóstico de que me faltaba poco "para irme a vivir debajo de un puente", decidí que debía tomar el toro por los cuernos e investigar.

¿Lo primero? Llamé al banco donde he sido clienta por más de una década, pero había un pequeño problema: yo estaba tan ajena de las cosas importantes de mi vida financiera que ni siquiera tenía el nuevo teléfono de la sucursal porque se habían mudado de oficinas. Sí, por supuesto que sé como marcar el 411 para información, y eso fue lo que tuve que hacer, pero lo que era evidente es que yo había dejado mi vida en manos de otras personas de forma tal ¡que ésta ya no me pertenecía! ¡Ese era el verdadero panorama!

¿Culpa de quién? Si yo fuera otra, diría que no fue mía. Pero, ¡por supuesto que la culpa no era de nadie más que mía! La realidad es que para salir de cualquier problema eres tú quien tiene que comenzar aceptando que lo que pasa es culpa tuya. Nadie, absolutamente nadie, puede dejar en manos ajenas su patrimonio como yo lo hice. Lo que sucedió tampoco fue por tonta y abandonada, sino todo lo contrario. Se me hizo creer que vivía en un mundo sin problemas que atender, en medio de una situación emocional complicada por la muerte de Fabio y por el programa de televisión que me requería de tiempo completo.

A Dios gracias el desastre no fue tan grave porque había dinero para cubrir todas las necesidades.

De nuevo, fui yo la gran culpable por no haberme dado cuenta de algo fundamental y por haberme hecho la de la vista gorda. Si había que gastar dinero en diversiones y paseos entonces el único dinero que se gastaba era el mío. El dinero y las tarjetas de crédito de la gente a mi alrededor siempre estaban bien guardados, por tanto no se usaban. El lema era: "Que pague, total, gana bien y si lo gasta en otros, también que lo haga con nosotros". Al final, la culpa sólo fue mía y la acepto como mi gran lección.

Juanita Castro, mi gran amiga, y de quien a menudo recibo

grandes consejos, me dio uno importantísimo que es como mi Biblia:

Nadie debe saber ni controlar un solo centavo de lo que tú ganes.
Esa es tu responsabilidad.

Una responsabilidad que yo delegué por un exceso de confianza y por comodidad y que no me volverá a suceder. Si te pasa lo que a mí, basta de lamentos y pon manos a la obra. En mi caso todo coincidió con el fin del programa de televisión *Cada Día*, lo que me permitió dedicarle tiempo completo a enderezar el barco.

Unas propiedades que tengo para mi vejez también eran parte del desastre. Una tenía por lo menos tres meses sin recibir un solo centavo de renta, es decir ¡se escribía un cheque mensual para pagar su hipoteca puntualmente, pero no se cobraba por ella un solo centavo! Una vez más salía dinero, pero no entraba nada a mi cuenta.

Otra tenía dos años y medio pagándose, pero sin producir un solo centavo porque tenían que hacérsele reparaciones mayores que se dejaron en la apatía y el abandono, es decir, si yo no ponía manos a la obra, nadie más de mi entorno lo hubiera hecho.

Y con la tercera propiedad con la que supuestamente "estaba todo en orden" lo que vino fue el siguiente caos. Resulta que quedó vacante de pronto, sin que el inquilino me lo notificara con tiempo suficiente para buscar nuevos inquilinos según debía hacer de acuerdo con el contrato de alquiler, pero eso no fue lo peor. ¡Según él, de mi casa lo autorizaron pintar color verde aguacate una pared, color salmón la otra y las paredes de la recamara azul rey! Nunca me informaron que era fumador empedernido y aquello olía a nicotina por todos lados. Te confieso que hubo un momento en que creí que lo único que me faltaba era que mi perro Dumbo viniera, levantara su patita e hiciera pipi sobre mí.

Julio Bevione, mi queridísimo amigo y guía espiritual, autor de *Vivir en la zona*, fue la mano que me sostuvo en más de una ocasión cuando el desconsuelo me atacaba.

"Todo está bien, no te angusties que todo pasa por algo", me decía. "Esta es la prueba de que eres fuerte y que no te dejas vencer. Mira, qué mejor coincidencia que justo ahora que terminó el programa se presenten estas situaciones cuando tienes todo el tiempo del mundo para dedicarte a resolver todos estos problemas. Deja que Dios guíe tus pasos. Deja ir el rencor por lo malo que te hicieron. Suelta el sentimiento de traición que te acompaña. Eso déjaselo a quien te lo hizo. Allá esas personas. Tú ahora enfócate a resolver lo que es urgente: pon al día tu patrimonio y nada, ¡pa'lante! Que la gente fuerte como tú está ahí para demostrar que aprendió la lección".

Para sacar fuerzas comencé a creer una de las grandes verdades más importantes:

La crisis es sólo un preámbulo al cambio más importante de tu vida.

Y así fue que volví también a recordar y a poner en practica todo lo que sucede y enseñan en los *boot camp* espirituales que organiza Bevione (y que de paso tú puedes encontrar en su página web www.vivirenlazona.com).

A él no le gusta que cuando se refieran a su persona lo llamen "el motivador" porque dice que la palabra califica a una persona que no hace bien las cosas, y de inmediato explica su teoría.

De acuerdo a Julio Bevione, el Motivador es el malo de la película. Es aquel que nos lastima, hiere, que comete actos en contra nuestro y que de ninguna manera nos ayuda, sino todo lo contrario, lo que quiere es hundirnos en el fracaso y la desesperación.

Pero también existe el Inspirador. Esa es la persona que es un modelo a seguir (*role model*, como le dicen en inglés). El Inspirador tiene una actitud en la vida que deja siempre algo en los demás. Es fuerte en la adversidad, no se quiebra por nada, deja ir lo malo que le llega y, por tanto, siempre triunfa en todo lo que se propone.

Viéndome agobiada, Bevione vino a verme un día a mi casa y me lanzó la pregunta más directa que desató de inmediato mi gran cambio.

"¿Sabes que quienes te hicieron daño deliberadamente han sido los Motivadores de lo que será tu nueva vida? Pero ellos tienen que ser de ahora en adelante lo menos importante en tu camino, por eso quiero que me digas para terminar esta historia de desdichas, ¿quién es tu Inspirador?"

Por supuesto que no tuve que pensarlo ni un instante, así que al segundo le respondí: "¡Cristina Saralegui! Siempre la he admirado y respetado".

"¡Perfecto!", me respondió entonces. "¿Cómo crees que Cristina Saralegui hubiera reaccionado ante la traición, el dispendio, la difamación y todo lo que te ha sucedido que en este momento te tiene desconsolada? ¿Qué hubiera hecho ella?"

No dudé tampoco en responderle.

"Hubiera mandado a todos y a todo pa'l carajo. Ella y Marquitos su esposo se hubieran puesto a trabajar más y más, ellos dos solitos, como lo hicieron en el momento en que los que fueron sus más cercanos colaboradores partieron de su lado al mismo tiempo. Eso sucedió en el preciso instante en que también le habían reducido su programa diario a uno solo por semana, su revista había cerrado y los malos le deseaban y pronosticaban el fin de su carrera. ¡Nada más equivocado! Ella y Marcos salieron adelante con su propio estudio que hoy vale más que nunca. Tal y como lo planearon, el programa tiene los niveles de audiencia más altos, la gente la sigue para donde va y ahora está en la aventura de vender y vender más productos de su marca Casa Cristina, pero lo más importante es que ahora ella es inmensamente feliz, disfruta y dispone de su tiempo, sabe quiénes son las personas que la rodean, es una abuela consentidora, tiene una casa preciosa, es una gran madre, una gran hermana de los suyos (y de los que no lo somos) y junto a Marquitos vive y goza del gran esfuerzo que ellos han realizado durante años para salir adelante. ¡Le partieron la cara a todos los malos con su éxito! Y para los que los queremos, ellos son nuestra gran fuente de inspiración".

"¿Ves lo que te he dicho?", me repitió Bevione. "¡En tu vida se acabaron los Motivadores y para salir adelante ahora sólo deben de permanecer tus Inspiradores, en este caso tu Inspiradora! Siempre que te sientas agobiada y sin salida piensa en lo que Cristina Saralegui haría o diría si la ofenden. Repítetelo y verás que sales pronto adelante".

Y a partir de aquella plática se acabaron las lamentaciones. ¿Me sentía triste y víctima de abuso? ¡Pal'carajo hubiera dicho Cristina Saralegui! Y con eso comencé a recuperar las fuerzas para pelear y recobrar mi vida.

Los días, semanas y meses siguientes fueron intensos para quienes me vieron convertida en pintora, albañil, arquitecta, diseñadora, contratista y hasta abogada, porque comencé a pelear por MI patrimonio que estaba a punto de perderse. Era el fruto de mi trabajo, ¿por qué perderlo? ¡Nunca más!

¿Viste? Así de fácil o de complicado resulta lograr salir adelante por cualquier cosa que te hagan. Simplemente decide quién es tu Motivador y quién es tu Inspirador. Pueden ser hombres o mujeres, pero su característica principal es que deben ser aquellos que por su fuerza y valor en la vida te resultan admirables. Ellos sin saberlo se van a convertir en tus defensores número uno y, aun más importante, tus Inspiradores estarán presentes en todos tus momentos de debilidad. Lo importante es que no olvides preguntarte: ¿Cómo actuaría mi Inspirador si le estuvieran haciendo esto? ¿Cómo actuaría mi Inspirador si estuviera viviendo esto? La respuesta será tu solución. Al fin y al cabo la fórmula es sencilla:

Deja ir lo malo donde están los malos. Ábrete a recibir, que toda crisis es sólo un preámbulo al cambio más importante de tu vida.

¡Y tienes que creerlo así para que te suceda!

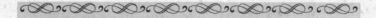

Para recordar...

- La crisis es sólo un preámbulo al cambio más importante de tu vida.
- No te angusties, que todo lo malo pasa por algo. Esta es la prueba de que eres fuerte y que no te dejarás vencer.
- Nadie debe controlar ni un solo centavo de lo que tú ganes.
- El Motivador te daña, te hiere y provoca todo lo malo que esté a su alcance para bloquearte. El Inspirador es tu ángel de la guarda, te ayuda, te saca adelante y te da la fuerza y la energía para pelear. Busca, encuentra y define a tu o tus Motivadores y luego aferrate a tu Inspirador, ¡y sal pa' lante!

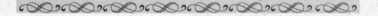

4

Reclama tu vida

Ok. Había perdonado, pero ¿qué iba a pasar ahora con mi vida material que sin lugar a dudas estaba a la deriva? ¿Cómo haría para reclamar mi vida? ¿Qué pasos tomaría para recuperarla financieramente? Todo esto me angustiaba porque no sabía qué hacer hasta que un día me desperté y me dije: "¡Hasta aquí los lamentos! ¡Ni uno más!".

Una vez que decidí que nada iba a quitarme lo que tanto trabajo me había costado ganar, es decir mi patrimonio, al mismo tiempo me preocupaba estar sola en esa enorme tarea de rescate porque a veces me faltaban fuerzas. Al enterarse de la situación, Adrianna y Antonietta ofrecieron viajar a Miami para ayudarme, pero como siempre mi respuesta fue: "¡No soy madre de telenovela! Y ustedes tienen sus vidas con muchas cosas que hacer. En este lío me metí por idiota, así que yo solita salgo de él".

Era fácil decirlo, ¡pero que duro hacerlo! Y en más de una ocasión me encontré diciéndome: "¿Y ahora, Collins? ¿Quién podrá ayudarte?".

Aquí no vino ningún personaje de la televisión a mi rescate, sino todo lo contrario, vinieron algunos de carne y hueso que me tendieron su amistad y apoyo incondicionales cuando otros (a Dios gracias, no muchos) huyeron. Dos de los que me apoyaron fueron Ivonne Fiad y su esposo William Gil.

Parafraseando a doña Florinda Meza en su personaje Chimoltrufia del *Chavo del Ocho*: "Como digo una cosa, digo otra". Así mismo.

Ivonne y Willy eran amigos de mi ex novio y, contrario a lo que usualmente sucede, cuando aquella relación se terminó ellos se convirtieron en el gran apoyo de ese momento, por tanto fueron lo mejor que me dejó. Traduciendo a Julio Bevione: Ivonne y Willy llegaron a mi vida como parte de la abundancia que aparece cuando estamos abiertos a dar y recibir.

En algún sitio leí esta máxima que me fascina y que junto a esta que te he mencionado encierra otra de las grandes cosas que a menudo me suceden:

Existen dos formas de ver la vida. Una, pensar que los milagros no existen. La otra, saber que todo en la vida ¡es un milagro!

Yo creo en la segunda parte de la oración: ¡todo en la vida es un milagro!

Y cómo no creerlo si Ivonne Fiad, una experta en finanzas y bienes raíces aparece en esta historia precisamente en el momento en que yo, que soy negada para los asuntos financieros, desesperada, tenía en mis espaldas el gran problema de mi patrimonio que se estaba deshaciendo ante mis ojos sin que yo supiera qué hacer. Pausada, mujer que a la distancia y hasta en la oscuridad se le nota lo buena persona que es, sin espantarse en lo más mínimo con el panorama que yo le estaba mostrando, de inmediato tomó el control y me dijo lo siguiente:

"No te preocupes que tú verás que esto se soluciona. Hay que tomar algunas acciones legales con quien no paga la renta porque nadie puede vivir en un departamento tres meses y andar por la calle feliz y despreocupado. También hay que forzar y pelear si es necesario para que se hagan las remodelaciones en la propiedad donde no se han hecho por apatía y venderla lo más pronto posible, y con el otro departamento hay que terminar los trabajos y dejarlo listo. De alquilarlos me encargo yo, pero eso sí, ningún abusivo o abusiva más como inquilinos. Aquí no vale ninguna amistad ni parientes que los recomienden. Quien venga tiene que cumplir con las reglas de alquiler de un apartamento como cualquier otra persona. ¡Tú no eres la beneficencia pública! Lo más importante es que nunca bajes la guardia y que hayas aprendido la lección. ¡Ya basta!"

Así fue. En un lapso de cuatro semanas esas propiedades estuvieron regularizadas. La que no pagaba renta comenzó a hacerlo puntualmente. El departamento que tenía dos años sin las remodelaciones necesarias, luego de un par de acciones donde directamente metí la mano y el corazón, ¡estuvo listo y reparado en menos de un mes! Y el departamento afectado por el fumador y pintado de colores caleidoscópicos fue alquilado por una buena mujer que adora el sitio y que es feliz de vivir ahí. Perdí dinero, pero allá él. Seguro que en algún otro lugar no le van a aguantar lo que abusivamente hizo conmigo por confiada.

Me gusta poner como ejemplos estas situaciones de la vida diaria para que tú veas que ni tú ni yo somos las únicas personas a quienes nos pasan cosas malas todos los días, y que puede suceder durante un tiempo, pero al final "la mala racha" se va, en especial si tú haces el esfuerzo por alejarla. De la misma forma quiero que sepas que tú y yo sí somos los únicos que podemos decidir quedarnos a ver qué pasa o si provocamos que las cosas buenas y que las soluciones a los problemas se sucedan.

Al mismo tiempo, este cambio bueno atrajo más cosas positivas a mi vida que ayudaron a sacarme de donde estaba sumida, como nuevas personas en mi entorno; amigos invalorables que me recordaron la siguiente frase:

Los amigos son ángeles que nos ayudan a volar cuando nos faltan las fuerzas.

Les recomiendo que siempre lleven esta frase consigo para ayudarlos a reconocer los grandes amigos que los rodean en las buenas y en las malas. Desde la enfermedad y muerte de Fabio, momento en que tuve muchos amigos que fueron mis ángeles, no recordaba este dicho tan valioso. Es algo que uno no debe olvidar.

Cuando comenzó *Cada día* llegó a trabajar con nosotros una asistente maravillosa: Vanessa Rico, una persona cargada siempre de energía positiva a quien todos, absolutamente toda la gente a su alrededor, querían mucho, y no era un cariño gratuito. Discreta, está dotada con una característica muy especial: nunca le gusta hacerse notar y, sin embargo, siempre está cerca cuando alguien puede necesitarla para, sin pensarlo dos veces, ofrecer su ayuda desinteresada. Como la asistente del show, le tocó ser testigo de mi desaliento en múltiples ocasiones. De manera que, al cancelarse el programa, fue la primera persona en tener trabajo de inmediato porque le pedí que viniera a ayudarme. Extraordinariamente generosa, aceptó y desde entonces forma parte de mi nuevo equipo, el que se alegra cada vez que algo bueno me sucede, el que me da una palmada de ánimo cuando las cosas se ponen difíciles, un entorno donde no hay abusos porque hay límites y responsabilidades, pero quizá lo más importante es que con este nuevo grupo sé que nadie tiene en mente otra cosa que no sea que triunfemos juntos, y para eso se necesita respeto, tolerancia y honestidad.

Vanessa requirió de casi tres meses para solucionar y tapar los huecos por donde se escapaba a diario e innecesariamente mi dinero. Sin que yo se lo pidiera, encontró dónde por error yo pagaba dos y tres veces las cosas. Por ejemplo, me cobraban cada mes tres sistemas de cable, también pagaba cuentas duplicadas por servicios de Internet; el dinero salía por todas partes y no me había dado cuenta. Todos los teléfonos de casa, incluyendo el fax, tenían el sistema de lujo de la compañía telefónica, lo que hacía que la cuenta que me llegaba mensualmente fuese inmensamente más alta de lo necesario. Y, como esas, decenas de salidas de dinero más que se fueron aclarando y terminando una vez por todas.

Es una leona para las cuentas (comenzando conmigo). No anda con medias tintas y sin importar nada más que la verdad, la expresa sin tapujos: "Esto se puede hacer, esto no, porque no te conviene y pagas más. Hay que ahorrar lo más que se pueda empezando contigo a quien le he asignado un presupuesto mensual. Si no haces caso, *sorry*, ¡no me necesitas y me voy! En esto todos estamos en el mismo barco y mi nombre y prestigio están de por medio. Es mi responsabilidad ayudarte a reclamar tu vida, no sólo porque estoy recibiendo un salario, MAC, sino porque como amiga y compañera de trabajo te estimo y quiero que todos los que te han deseado mal se den con una puerta en las narices".

Dicho de esta forma, ¿quién no puede entender el cariño y apoyo de una persona? Así que comencé a andar y seguir todos sus planes y presupuestos como niña buena que se porta bien.

Pero lo más bondadoso de su conducta no fue eso. Sucedió sin que yo me enterara y, por supuesto, ¡sin que nadie se lo pidiera! Vanessa fue artífice de que mi hija menor viniera a casa arrepentida. No lo supe hasta después, cuando por casualidad escuché que hablaba con ella para hacerle saber lo feliz que estaba porque había venido a verme.

"Que no se te olvide Antonietta", la escuché decirle a mi hija, "nadie, absolutamente nadie que te quiera te puede hablar mal de tu madre o de tu familia. Si eso sucede es que lo que menos quieren es tu bienestar. Recuerda lo que hizo aquella persona contigo porque probablemente creyó que podía lograr algo, no olvides que no lo intentó siquiera con tu hermana porque de inmediato hubiese quedado al descubierto. Así que nunca olvides esta experiencia para que no se vuelva a repetir".

¡Esas son las cosas que no tienen precio en la vida! Como siempre estaba ahí dando lo mejor para reunirnos a mi hija y a mí. Vanessa e Ivonne son el ejemplo del estilo de personas que debes buscar en tu vida. Personas que actúan sin abusar de ninguna otra a su alrededor. Ellas me ayudaron a reclamar mi vida y a poner mis finanzas en orden. Con toda esta experiencia he aprendido que hay varios factores básicos que uno debe tener en cuenta al ordenar su vida financiera.

La honestidad y la verdad

La gente a tu alrededor debe ser honesta, y esto es un patrón general de conducta que todos debemos cumplir en todas la áreas de la vida. Es más fácil lidiar con la verdad que con cualquier otra cosa, y para reclamar tu vida la honestidad es tu aliada principal.

Si alguien a tu alrededor te dice sólo lo que quieres oír, ¡huye! ¡Corre rápidamente hacia otro lado que lo que te viene encima es una montaña! Ser ambiguo para quedar bien siempre con todo el mundo al final no sirve de nada.

Siempre les digo y repito a toda la gente a mi alrededor, incluyendo mis hijas: Yo prefiero la verdad. Yo puedo lidiar contra todo lo malo siempre y cuando sea con la verdad, ¡nunca con la mentira!

Respuestas claras

En cualquier situación nunca menosprecies el valor de las respuestas claras. La mayoría de la gente se ha acostumbrado a no ser directos en sus respuestas. Muchas veces lo hacen por no herir, en otras ocasiones para no causar problemas y en el resto de los casos, cuando hay malas intenciones, para permitir que te sucedan las cosas malas. Por tanto, si no te responden directamente, vuelve a preguntar. No aceptes la vaguedad ante una pregunta, y si aun así no sientes que te han respondido honestamente y por tanto están encubriendo los hechos, toma mi consejito de periodista. Sin inmutarte, dile a la otra persona: "No te entiendo ¿Qué me quieres decir? ¿Cuál es la situación real?".

Un ambiente limpio de las malas vibraciones

He encontrado también que nadie puede desarrollarse y hacer que las cosas se multipliquen si todo lo que te rodea está cargado de negatividad. ¡Eso es prácticamente imposible! Por una sencillísima razón: porque lo negativo no deja nunca crecer lo positivo. Un ejemplo bien simple para que te des cuenta es que a ninguna persona que conozcas que habla mal de los compañeros de trabajo, que se la vive platicando, que no cumple con lo que tiene que hacer, que es flojo y llega tarde ¡le va bien y triunfa! Este es el vivo ejemplo de lo que te he dicho: Lo negativo no deja crecer lo bueno y positivo. Si sientes agobio, depresión, tristeza y sólo vives pensando en el pasado ¡deja todo eso de lado por un momentito! Si estás en tu casa haz este pequeño ejercicio: Abre la ventana o la puerta si dan a la calle y respira varias veces, verás que en menos de lo que imaginas tus pensamientos positivos se asomarán porque lanzaste a un lado los negativos que te estaban rodeando. Si puedes salir de tu hogar, intenta caminar un poco, por lo menos dar una vuelta al vecindario, cuando regreses verás todo de una forma diferente. Lo hago a menudo cuando siento una carga de negatividad en mi espacio de trabajo. Claro que en Miami, donde vivo, el clima permite hacer este ejercicio a menudo y aprovechando este dichoso lugar hago algo más: Por lo menos una vez por semana abro todas las ventanas y las puertas y dejo que el aire corra por todas partes. No imaginas que buena vibración recibirás cuando las cosas malas que te rodean se logran esfumar con el aire.

Recuerda que lo negativo no necesariamente ocurre porque tú lo generes, ¡también viene pegado a otras personas que se te acercan! Por lo tanto, apenas te des cuenta ¡échalo pa' fuera! Pero rápidamente, ¿ok?

Los colores de tu entorno

Cada vez que en la tienda donde compro la pintura para mi casa me ven llegar saben que es para cambiar los colores para que las cosas me resulten mejor. Siempre lo he creído así. Por eso, luego de sobrepasar una mala experiencia me pongo a pintar y cambiar los colores de las paredes, por lo menos me cambia el ánimo ya que hay una idea de renovación al arreglar el sitio donde trabajo. No cuesta mucho, y verás que con unos cuantos dólares invertidos en la pintura ¡te sentirás más alegre y con ganas de salir adelante!

El cajero automático:
¿Amigo o rival?

A propósito he dejado el tema de los cajeros automáticos para el final de este capítulo. Nunca tomé conciencia de la forma más fácil que hay de gastar dinero hasta que con la crisis que te he contado tuve que volver a aprender a revisar mis estados de cuenta bancarios y ver que durante mucho tiempo los retiros de dinero de la ATM tenían lugar por lo menos ¡de diez a doce veces por mes! Forma parte de ese estilo financiero moderno que nos lleva a usar una tarjeta de plástico, que no es de crédito, y que nos permite tener acceso inmediato a nuestro dinero. Podemos sacar dinero a cualquier hora y prácticamente en cualquier sitio del planeta. Ahí está a nuestro alcance. Vamos, apretamos las teclas y ¡zaz!, el dinero sale de la puerta de esa computadora casi pública. Nos dan el papelito del recibo y lo guardamos de inmediato con las otras decenas de recibos que ponemos en bolsos y billeteras, ya que esto nos pasa a todos, ¡hombres y mujeres! Y, ¿qué pasa? Nada. Simplemente nos olvidamos de la vieja y utilísima costumbre de llevar un balance en nuestra chequera. Y de pronto, los problemas aparecen por todos lados. Por una parte el cajero automático no se llena por arte de magia. Nos han hecho olvidar una realidad: ¡Lo llenas tú con tu dinero! Y si no controlas lo que tienes, ese fácil acceso te pone al borde del caos si no sabes cuándo detenerte.

Nada más de ver cuánto pagaba mensualmente y cómo se me iba volando el dinero con el uso del cajero automático fue que aprendí a no volver a depender de ellos, que además te cobran, unos más otros menos, pero que te cobran por cada transacción. Llevo al día mi chequera y cuando alguien me pregunta: "¿Para qué lo haces a la antigüita si ahora todo lo que gastas está al alcance de tu computadora?" De inmediato les respondo: "¡Una máquina tampoco va a controlar lo que gano!".

Recuerda que balancear tu chequera y saber en lo que gastaste —que se pierde si no lo escribes manualmente en tu chequera— te ayudará a controlar tus finanzas y en pocas palabras eso es ¡no dejar en otras manos tu patrimonio!

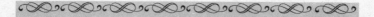

Para recordar...

- Existen dos formas de ver la vida. Una, que los milagros no existen. La otra, que todo en la vida es un milagro.
- Para salir adelante debes escoger a quienes te rodeen: tendrán que ser honestos, veraces y personas positivas.
- Las cosas negativas a tu alrededor jamás dejarán que crezcan las cosas positivas.
- ¡Los amigos son ángeles que te ayudan a volar cuando tus alas se están quebrando!
- Muchísimo cuidado con los cajeros automáticos, los retiros de dinero sin control y los balances de tu cuenta hechos únicamente por computadora, ya que pueden convertirse en tus amigos o tus rivales.

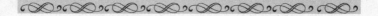

5

El color del alma
(descubre a la gente
que te rodea)

Hacía más o menos seis meses de mi última aparición en la televisión. Eran esos seis meses típicos de espera, tan sabios y necesarios para dejar que los televidentes descansen de uno y para aprovechar y descansar uno mismo también, cuando una tarde salí a almorzar en compañía de mi comadre Josefina Melo —una amiga probada en las buenas y en las malas— y su hija Vanessa.

"Hace rato que quería preguntarte algo", me dijo mi amiga Josefina. "¿Ahora que ha pasado toda esta etapa de tu vida, sigues siendo amiga de Jorge Ramos?"

Ni siquiera tuve que pensar la respuesta: "Mejor que eso: Él sigue siendo mi amigo".

Al ver la cara de desconcierto de las Melo, rápidamente me puse a explicarles aquello que les sonaba presuntuoso y que aquí paso a explicártelo a ti.

Cuando digo "él sigue siendo mi amigo" es por una maravillosa e invaluable razón: usualmente los amigos lo son del puesto o de la posición y por tanto desaparecen como por arte de magia cuando uno pierde el trabajo o el glamour de las cámaras y sólo quedan los que en verdad lo son sin ningún interés de por medio. Ese es Jorge Ramos. No ha pasado un solo mes en el que no haya una llamada de su parte con el usual 'Collins, ¿cómo vas? ¿Te puedo ayudar en algo?' Por esto es que yo digo que en momentos como los que he vivido, más importante que yo sea su amiga, es que él sigue siendo mi amigo.

Puedo decir con orgullo que todas las decisiones profesionales que he tomado en casi dos décadas, las hemos sabido desde el primer momento sólo tres personas: Raúl Mateu mi agente, Jorge Ramos y yo. Por esto, un año antes de que comenzara la nueva etapa de mi vida, como siempre, le comenté a Jorge que había decidido dejar el programa de entretenimiento y regresar a las noticias, a los libros, a la columna que escribo para sesenta periódicos desde hace casi diez años, a escribir en *Selecciones*, a la radio y a estudiar nuevos proyectos de televisión.

"Para sobrevivir Collins, tenemos que diversificarnos, pero eso no se hace de la noche a la mañana", me dijo Jorge.

Él habló con personas clave, me dio valiosísimas sugerencias y estuvo ahí, como sé que siempre seguirá y, por supuesto, como yo lo haría con él si fuera su caso.

Por esto mismo digo que cuando uno cambia de situación es cuando verdaderamente se conoce "el color del alma" de las personas que nos rodean, por tanto, el alma de Jorge Ramos es blanca, color que representa la amistad.

Nunca antes había reparado en esta escala cromática tan especial hasta que un día hablando con Jorge Hidalgo, otro de mis amigos y autor de semejante teoría, fue que caí en cuenta del valor de tener los ojos abiertos para poder distinguir los colores del alma de cada persona.

Las almas blancas

El amigo que tiene el alma blanca es el que sin pedirlo te da la mano y ofrece lo que tiene para sacarte de inmediato adelante.

Con sólo aparecer mi entrevista en *People en español*, donde hablaba de mi partida del show, recibí una llamada que siempre atesoraré en mi alma: era de Juanita Castro. Sí, la misma gran persona con valores morales que son como una roca. Los mismos valores que la hicieron enfrentarse a sus hermanos Fidel y Raúl y, posteriormente, dejar Cuba y marcharse a un exilio que ella se autoimpuso para preservar sus ideas y principios.

"Yo no sé cuanto dinero tienes ni cuál es tu situación económica pero no me interesa saberlo" me dijo Juanita. "Sólo quiero que sepas que cuentas conmigo para que salgas adelante hasta que tengas trabajo".

Cuando colgué el teléfono, comencé a llorar conmovida

por las palabras de Juanita, a quien le he agradecido enormemente ese gesto tan noble que nunca olvidaré.

Siempre he dicho que soy afortunada por tener los amigos que poseo y de los que estoy muy orgullosa, por esto es que la lección más grande es saber escogerlos y cultivar esa amistad.

Cristina Saralegui y Marcos Ávila son otros amigos con el alma blanca. Siempre me han ayudado invaluablemente sin que yo se los pidiera, simplemente adivinando lo que necesitaba. Gracias a ambos, mi carrera ha tenido un gran impulso y los detalles de tan inmensa ayuda los guardo porque sé que a ellos no les gusta que se divulgue lo que hacen. Nunca jamás podré olvidar sus grandes consejos, lo mejor que alguien puede recibir en momentos clave de la vida.

Con Mauricio Zeilic, el decano de los presentadores de entretenimiento de la televisión hispana de los Estados Unidos, la historia es similar a lo que me sucedió con Juanita Castro. Apenas se enteró de que el show de televisión había terminado su ciclo, Mauricio, desesperado, comenzó a llamarme.

"Lo único que quiero que sepas es que lo que necesites económicamente sólo tienes que pedírmelo", me dijo Mauricio. "Es muy importante que el dinero no te falte porque para escoger lo mejor para ti debes estar sin la urgencia de tener dinero para comer, pagar el auto, pagar la casa y tanto más. Que nadie te presione por la falta de dinero. Tú sabes que cuentas conmigo. Lo importante es que tenemos salud".

A partir del primer día que no tuve que levantarme por la madrugada (y por tanto pude desvelarme), Mauricio más que nunca se ocupó de sacarme a cenar, a fiestas, a shows y a no dejarme que me quedara en casa. Y lo siguiente habla enormemente de su calidad humana: estaba preocupado por mí, ¡cuando él mismo hacía ya un año que no tenía un programa en la televisión!

"No estamos para darnos el lujo de fallar sino todo lo contrario", me dijo Mauricio como buen consejo. "Así que el próximo paso tiene que ser muy bien estudiado. Recuerda que no hay prisa de regresar a la televisión si lo que se va a hacer es únicamente el ridículo".

Emilio Estefan fue otro más a mi lado en los momentos más críticos, cuando le contaba los detalles de una dolorosísima traición profesional. Y me dijo: *"Don't get mad. Get even"*. Esto en español más o menos quiere decir: "No te enojes... cóbrales después".

"Fíjate que nunca he hecho caso a nadie que me diga que yo no puedo hacer tal o cual cosa", me explicó Emilio. "Por el contrario, si me pasa eso, más me empeño en lograr lo que no me dejan hacer. No hagas caso a los insultos ni a las difamaciones ya que eso es lo que más les duele a los que quieren verte caída y a los que luchan por derribarte. Espera, prepárate, reinvéntate y, cuando sea el momento, regresa con todas tus fuerzas que ese será el peor castigo para todos los que te han hecho daño".

¡Todo un coro de almas blancas a mi alrededor! ¿Qué significa esto? Significa que he sabido escoger a los amigos. Conozco a los que sólo quieren ser amigos del trabajo que he tenido y no de María Antonieta Collins y, por lo tanto, los deshecho de inmediato. Mi mejor inversión son mis amigos. Siempre sé quién va a permanecer conmigo sin importar dónde estoy o cuánto dinero tengo, y a ellos los atesoro para siempre. Tengo amigas, como Angélica —a la que no le gusta que mencionen su nombre— que cuando la gente me cree más en desgracia, más me defiende y se convierte en una leona, y lo hace así con todas sus amigas verdaderas. ¡Ay de quien nos toque! Porque no tiene límites para protegernos de las habladurías de aquellas personas que nos tienen envidia.

Por esta razón es que es tan importante descubrir y conocer el color del alma de las personas. Si las almas blancas son las que siempre estarán a tu lado, también es importante que identifiques a los otros dos colores del alma: el rojo y el negro.

Las almas rojas

El amigo que tiene el alma roja es aquel que siempre que se te acerca te lanza una señal de alerta con su comportamiento hacia ti.

Tengo un par de amistades que apenas los veo venir los esquivo o los veo únicamente cuando tengo la fuerza para lidiar con las secuelas que dejan al partir. Los amigos de alma roja son hábiles, en general tienen un sentido del humor que en la mayoría de las ocasiones los hace socialmente atractivos. Dicen chistes, tienen una forma simpática de comunicarse y de contar lo que pasa en la vida (la suya y la de los demás). Ese es el lado bueno, el oscuro es que, al son de que "soy tu mejor amigo o amiga" te critican, siempre están listos para decirte que ellos hacen todo mejor que tú, que les va mejor que a ti, que teniendo menos dinero a ellos les alcanza para todo porque tú gastas a manos llenas. A ellas o a ellos nunca les han sido infieles, eso sólo te pasa a ti que eres una grandísima tonta o tonto. Recuerdan en público pasajes de tu vida pasada (que por supuesto vivieron contigo) y lo usan para mostrarles a los demás cuanto te conocen, sin que les importe si esa parte de tu vida te da vergüenza que los demás la sepan.

Yo conozco a un personaje de esta categoría que nada más de enterarse que alguien habla mal de mí de inmediato viene a decírmelo tal y como supuestamente sucedió. Me lo cuenta todo con pelos y señales y después lanza el consabido "pero tú no puedes reclamarle, únicamente te lo he dicho para que conozcas quiénes son tus enemigos".

En fin, dicen ser una maravilla, ¡pero en realidad son una peste! Los amigos de alma roja nos lanzan esa señal de alerta que nuestro cerebro mitiga pensando: "No, no es malo, es una buena persona". Pero al final la verdad queda patente: hacen daño y hay que evitarlos. Pero ojo, son fáciles de confundir con las almas blancas, como bien dice Mauricio Zeilic: "Yo tengo unos cuantos personajes a mi alrededor y la verdad, todos ellos saben mucho. Cuando saben que han actuado mal dan marcha atrás haciendo lo opuesto y nosotros que sabemos valorar lo bueno que se nos da, les tenemos agradecimiento el resto de la vida".

Sin embargo, el mayor peligro de los amigos de alma roja es que se encuentran en esa difícil línea que fácilmente pueden cruzar y convertirse en ex amigos.

Las almas negras

*El amigo que tiene el alma negra es aquel que ha cruzado la línea
entre ser amigo y ya no serlo nunca más.*

Y con estos, ¡mucho cuidado! Porque siempre vienen en dos categorías: los abiertamente malos y los encubiertos como buenos.

Los primeros son menos dañinos porque en realidad están al aire libre, tú los conoces, sabes que no te quieren, que te aborrecen, que hablan mal de ti, de tu familia, de todo lo que está a tu alrededor y, por supuesto, no son parte de tu vida íntima de ninguna forma. Así que estando identificados los malos eso es un problema menos que si los tienes viviendo contigo. Jorge Hidalgo, el autor de esta escala de colores me contaba que una famosa personalidad de la televisión (a quien me consta que como decimos en México "le caía súper bien" y la apoyaba incondicionalmente e incluso la defendió cuando tuvo en peligro su puesto) un día, cuando ya no era su jefe, se cruzaron y el personaje en lugar de saludarlo fingió estar hablando por el teléfono celular ¡y ni siquiera volteó a verlo!

Más o menos me sucedió lo mismo con otro personaje de esos que pululan por todas partes. Iba frecuentemente a colaborar al programa de televisión y en las contadas ocasiones en las que en tres años estuve ausente se dedicó a hablar mal de mí abiertamente sin cuidarse de con quien lo hacía. Su descaro era tan grande que lo hizo hasta con uno de mis peluqueros informándole incluso el día que el programa terminaría.

"¡Ay, por Dios! ¡A la pobre MAC ahora sí que se le acabó

todo!", le decía. "De muy buena fuente sé que tiene que irse con sus trapitos a otra parte porque aquí ya le dijeron que se le acabó todo".

Por supuesto que mi amigo se encargó de darle una buena sacudida de desprecio y de contarle que contrario a lo que pensaba, quien fue mi jefe hasta el último momento se comportó extraordinariamente conmigo. El personaje no pudo más y se fue rápidamente. La variante inesperada fue que, cuando pasaron varios meses, esa misma persona tuvo la osadía de llamarme por teléfono "para ver cómo había estado y en qué cosas andaba" e invitarme a un evento que organizaba ¡como si nada hubiera pasado!

En fin, los sujetos de estas anécdotas sin lugar a dudas son los de alma negra. Ya están identificados como tales y por tanto no hay mayor problema. Pero, ¡ojo! Hay otra clasificación: aquellos que navegan como almas blancas y son tan cercanos a uno que incluso les hemos abierto las puertas de nuestro hogar, de nuestras situaciones íntimas, de nuestra familia y de nuestra confianza, y el daño que logran es mayor.

Así nos sucedió a mi amiga, la productora de televisión Vivian Quevedo-Arenado, y a mí. Tuvimos durante el show *Cada Día* a alguien a quien quisimos y defendimos mucho (porque siempre llegaba contando historias de que las personas a su alrededor le querían hacer daño). Tanto Vivian como yo hicimos nuestra tarea cuando nos lo pedía para defenderla, a capa y espada, de quienes supuestamente le querían hacer mal. Siempre que había un viaje importante nos pedía que la lleváramos y, por supuesto, era la primera en la lista, cuestión que a menudo nos provocaba problemas laborales. Pero aquí quiero dejar en claro que si cumplíamos con sus peticiones era porque es una gran profesional en lo suyo. En fin, nada que nos sugiriera lo dejábamos para lo último, todo lo contrario, era nuestra amiga y con eso bastaba. Y cuando digo que era nuestra amiga me refiero a que en las múltiples situaciones dolorosas que viví como la muerte de mi esposo o una enfermedad que me tuvo al borde de una operación cerebral, ella estuvo ahí antes que nadie. Pero resulta que terminó el programa... y de aquel personaje tan, pero tan cercano a nosotras, ¡no volvimos a tener siquiera una llamada telefónica preguntando cómo estábamos! Tres semanas después de que terminara *Cada Día*, Vivian recibió un mensaje de texto en su celular que decía "hola", a lo que ella respondió preguntando quién era.

"Soy fulana de tal. ¿Ya no te acuerdas de mí?"

"No", le respondió Vivian.

"Ok. No te vuelvo a molestar más".

Luego me explicó Vivian: "La razón por la que no quise seguir con aquella conversación y por la que no hay que continuar ninguna plática en situaciones semejantes es porque una persona que ha tenido una relación diaria y cercana contigo y de pronto deja de llamarte cuando pierdes el empleo y luego te llama tres semanas después, lo hace no porque tú le intereses, sino porque probablemente quiera investigar el chisme, quiere averiguar lo que pasó, lo que piensas, y de ninguna forma es porque esté preocupada por tu bienestar. Como no me interesan los chismes, entonces no me interesó esa platica y no le respondí nada más".

Comparto el mismo sentimiento. En realidad a nosotras nos dolió el comportamiento de esa persona porque la llegamos a querer muchísimo, aun en contra de quienes nos previnieron de su conducta interesada únicamente en el puesto de las personas, pero estas son las lecciones que nos ayudan a aprender sobre los colores del alma. Y ese es un aprendizaje invaluable.

Cuidado con los colores
que se destiñen

Tal y como los fabricantes de detergentes previenen al público de las prendas de vestir que pueden descolorarse, hay que hacer caso a la misma advertencia para las almas de las personas.

A los amigos de alma blanca hay que cuidarlos, atesorarlos, hay que recordar que nada que se nos da es fortuito con respecto a ellos. Una amistad como esa hay que cultivarla, aunque hay casos donde no se tiene que hacer mucho. Es decir, por lo menos estate al tanto de donde están esos amigos y, eso sí, recuerda las fechas clave como sus cumpleaños, bautizos, bodas, navidades y años nuevos, y siempre estate presente. Debemos hacerlos sentir que en las buenas y en las malas, ahí estaremos junto a ellos. La permanencia siempre ayuda a mantener vivo ese sentimiento de "te quiero aunque no nos veamos o hablemos todos los días".

Esto es con los amigos de alma blanca… pero con los de almas rojas y negras, ¡cuidadito! ¡Húyeles como un vampiro le huye a la luz del sol!

Con estos no hay remedio para controlarlos, sólo toca salir de su radio de acción y repetir mi jaculatoria favorita:

San Jorge bendito, amarra a tu animalito con tu cordón bendito.

¡Pero hazlo de inmediato apenas los veas venir por ti o estarás irremediablemente perdido o perdida! Y cuando alguien te haga sentir mal, únicamente recuerda que las almas de los seres humanos vienen en una escala de colores y los únicos que son buenos son los que tienen almas blancas. Los demás están ahí para hacerte daño, por tanto no merecen que les des un espacio de tu mente, ¡ni nada más!

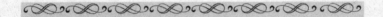

Para recordar...

- Las almas de las personas pueden ser blancas, rojas y negras.
- Las almas blancas te ayudan por encima de todo y sin que se los hayas pedido.
- Los amigos de verdad se escogen y se cultivan.
- Hay que saber distinguir entre los amigos del trabajo y los que son tuyos sin importar cuánto dinero tienes, ni dónde trabajas.
- El amigo del trabajo desaparece por arte de magia cuando no tienes el empleo que a él o a ella le convenía que tuvieras.
- Las almas rojas lanzan constantemente señales de alerta. Son personas hábiles, simpáticas y gozan

contando historias que hacen ver lo cercanas que son de ti, sin importar si te hieren en el camino.

- Las almas negras vienen en dos categorías: las abiertas y las encubiertas. Las primeras son menos dañinas porque las conoces, sabes que no te quieren y están identificadas como tales. Las segundas navegan como almas blancas y, por tanto, hacen un daño mayor.
- Para conservar amistades hay que cultivarlas, procurarlas y siempre hacerles sentir que ahí estarás cuando más lo necesiten, en las buenas y en las malas.

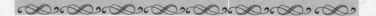

6

Vence lo malo
¡y saca a relucir lo
mejor de ti!

Me sucedió un fin de semana, casi a finales de 2008. Un ex compañero de trabajo a quien fui a saludar en un restaurante de Miami donde él estaba comiendo con una amiga, en vez de responderme el saludo, simplemente al ver que me acercaba a él, torció la boca, se volteó dándome la espalda y sin levantarse de su mesa siguió comiendo, como si yo no estuviera parada frente a él. Pasé un momento de vergüenza terrible. Con los ojos llenos de lágrimas sólo alcancé a aclararle una cosa: "No te preocupes que no me interesa molestarte. Solo me acerqué a darte un beso porque el amigo que tenemos en común me dijo que mañana irías a mi casa a la fiesta que él le ofrece a una de tus mejores amigas, y al verte aquí quise que te sintieras bien, pero no te preocupes, fuera de eso no me interesa volver a hablar contigo nunca más".

Sin la mínima cortesía de un caballero y sin levantar la mirada siguió mirando el plato que tenía bajo su rostro. Di la media vuelta incrédula de lo que alguien es capaz de hacer injustamente. Pero yo cumplí con una de las cosas más difíciles: lograr decir "perdóname" aunque el personaje no lo entendiera ni lo mereciera.

Con toda razón te preguntarás: "¿Por qué pedirle perdón? Y ¿por qué la reacción tan desubicada del personaje hacia mi persona?" Ambas preguntas se responden de una sola manera. La persona a la que me refiero fue, durante muchos años, alguien a quien quise mucho y a quien consideré un amigo. Un buen día, cuando cambié de trabajo, por amistades en común, escuché que se había burlado de mi nuevo puesto y, por las mismas amistades en común, me enteré también de que pronosticaba a los cuatro vientos que por haber cambiado de trabajo ¡yo no volvería a vender un solo libro! Aunque entendí que para él era mejor inventar ante sus jefes esta historia de que le hice un desprecio para no verse en la disyuntiva de tener que admitir que era mi amigo, igual me dolieron muchísimo sus comentarios. Pero, como es mi costumbre cuando se trata de alguien a quien yo he querido, no hice absolutamente nada e ignoré lo pasado.

Tiempo después, durante toda la enfermedad de Fabio y después su muerte, tampoco recibí ninguna llamada suya para darme el pésame. Ahí comencé a sospechar que algo pasaba, pero estaba más ocupada en superar mi dolor que en otras cosas. Pasados unos meses y estando con el mismo grupo de amigos —por quienes me enteré de los comentarios que hizo sobre mí anteriormente— él llamó y yo pedí que me lo saludaran. El rostro de quien estaba al teléfono dándole mis saludos no pudo fingir que del otro lado le estaban diciendo algo contra mí. Cuando pregunté qué pasaba, alguien del grupo me sugirió entonces que lo llamara por teléfono para aclarar las cosas. Por supuesto que lo llamé en dos ocasiones, pero no sólo no contestó el teléfono sino que tampoco me devolvió la llamada. A sabiendas de que yo no hice nada en su contra, olvidé aquello porque en realidad, fuera de tres amistades en común, nosotros no coincidimos nunca más en reuniones. Así se pasó otro año más hasta el día en que me volteó la cara cuando fui a darle un beso.

Sin entender nada llamé a las amistades que nos conocen y les conté llorando lo que había sucedido… ¡Y me quedé boquiabierta con la explicación que el hombre aquel dio para encubrir sabe Dios qué! Le dijo a nuestros amigos en común que la razón de su desprecio era porque un día él me llamó y sin más yo le dije: "¡No vuelvas a llamarme porque no quiero gente negativa a mi lado, ahora tengo nuevas amistades y no quiero a nadie como tú!".

Si de algo me precio es de la memoria con la que Dios me premió y por la forma en que siempre, desde la infancia, he sido como amiga. Y sin modestia alguna presumo de ser una gran amiga. De eso hay decenas de testimonios, y más aun, quienes me conocen saben que ¡de ninguna manera yo le hubiera dicho a un amigo algo semejante! Siempre he tenido los pies sobre la tierra y sé que lo efímero de la televisión dura un segundo. Sales de ella y la gente te olvida. Con los únicos que permaneces para siempre es con tus verdaderas amistades.

Entonces, por mucho que busqué y busqué en la memoria no recuerdo en ningún momento el incidente donde supuestamente lo herí de esa forma y sin razón. Por el contrario, recuerdo las dos ocasiones en que, venciendo la rabia por lo que él sí me hizo al hablar mal de mí y de mis libros, y no darme ni siquiera el pésame por la muerte de Fabio, a pesar del cariño que siempre le tuve, lo busqué para aclarar la situación y, por supuesto, para lo más importante: para ofrecerle mis disculpas e incluso pedirle perdón si él de verdad se encontraba herido por algo que yo hubiera hecho o dicho sin intención.

Por esto, cuando mi amigo me anunció que vendría a mi casa, simplemente, sin nada de rencores ni resabios le dije feliz a quien me estaba dando la noticia: "Qué bueno que ha decidido estar en la fiesta porque bastantes enemigos tiene uno para que nosotros que somos amigos lo seamos también, y de gratis".

Era hacer honor a una de las estrofas mas bellas del musical *El diluvio que viene*, donde la gran enseñanza es que los viejos amigos y hasta los enemigos se reúnen en torno a la mesa y dicen: "Un nuevo sitio para un amigo más, siempre y cuando haya un perdón verdadero".

Eso fue lo que yo había tratado de hacer con mi ex amigo, abrirle la puerta de la casa para que llegara sin temor sabiendo que yo lo había perdonado, pero resultó todo lo contrario.

Durante los días siguientes me sentí muy mal y sobre todo muy triste, principalmente al recordar la forma en la que aquella persona se comportó conmigo. ¿Hubiera hecho yo lo mismo? ¡La respuesta por supuesto es no! ¿Cuál es la diferencia? Una, que es básica: la vida se ha encargado de enseñarme, a través del dolor, que hay cosas verdaderamente importantes de las cuales preocuparse porque no tienen remedio, como una enfermedad terminal o un niño que padece cáncer quien en lugar de jugar tiene que estar en un hospital. También he aprendido que mientras hay vida, uno puede enmendar los errores, pero eso, por supuesto, requiere de una enseñanza diaria para mejorar como ser humano.

¿Mejorar como ser humano?

¿En dónde aprende uno semejante asignatura? ¿Cómo logramos mejorarnos los seres humanos? Toda la gente repite, "¡Qué buena es fulanita o qué bueno es zutanito! ¡Cómo quisiera ser como ellos!" Si uno quiere ser doctor, enfermera, abogado o lo que se le ocurra, para eso existen las escuelas que lo preparan a uno para convertirse en lo que quiere… pero para lo otro simplemente está la vida y lo que uno decida tomar como aprendizaje para crecer y mejorar el alma.

¡Semejante tarea! Y entonces, ¿cuándo y dónde se puede tomar el examen para ver si pasamos o debemos seguir estudiando? La respuesta es difícil. Son materias que uno tiene que estudiar con la vida diaria y donde hay que pasar con la mejor calificación diciendo dos de las cosas más difíciles: "Perdóname" y "Ayúdame".

En innumerables ocasiones, cuando la gente refiriéndose a la manera en que perdoné a mi difunto esposo dice de mi: "¡Tan buena!". Yo les respondo de inmediato que ¡no!, que no soy buena, que la única buena que he conocido es la Madre Teresa de Calcuta y que yo soy María Antonieta Collins, no de Calcuta, ¡sino de Veracruz, México! Lo único que he tenido que aprender es a perdonar, pero eso no me hace más buena que nadie… sólo me hace mejor ser humano.

No dejes que la humillación ni la ofensa te acaben

¿Por qué te cuento esto? Bueno, porque quizá en este momento o en el pasado te hayas sentido como mi ex amigo me hizo sentir a mí y pienso que mi experiencia te puede ayudar a sanar el alma más rápidamente.

Te quiero decir que no me fue fácil aceptar sus acciones. Lo recuerdo ofendiéndome aquel día en cámara lenta y me muero de la vergüenza.

Me he repetido una y cien veces: "Por tonta, Collins, esto te pasó por tonta, por creer que la gente es noble. Si no hubieras ido de buena gente a darle un beso para que se sintiera bien y viniera contento a casa, entonces no hubiera pasado nada, en cambio, ¡menudo espectáculo que te hizo pasar!".

Es humano pensar así. Pero de pronto cambio de pensamiento porque recuerdo y pongo en práctica lo que aprendí en un *boot camp* espiritual impartido por el autor Julio Bevione, uno de mis guías espirituales y autor de grandes cambios en mi vida. Bevione es increíble haciéndole entender a uno, en medio de la rabia y la falta de razón, algo tan sencillo con unas cuantas palabras para cuando te encuentres como dice el título de Dostoievsky y Tolstoy *Humillado y ofendido*. Entonces simplemente recuerda esto:

No dejes que quien te humilla y te ofende, te destroce.

Analizando esta frase, siempre y cuando tu análisis de conciencia sea verdadero, la razón comienza a imponerse. Así me sucedió a mí en los días que siguieron hasta que solita llegué al punto más importante: perdonar a quien me había ofendido y quien por supuesto nunca pidió perdón. Poner en práctica esa enseñanza engrandece y te mejora como ser humano.

¿Cómo hacerlo?

Primero hay que querer lograrlo. Después de tomada la decisión, yo hago el siguiente ejercicio mental muy especial que me pasó Adrianna, mi adorada hija mayor.

"Cuando alguien te haga algo que te duela mucho, jefa, y sientes que lo odias y que te lo tienes que quitar del sistema, es decir, sacarlo de tu mente, entonces sustituye de inmediato ese pensamiento de rabia por otro que sea muy gratificante y que hayas vivido con esa misma persona. Ojo, esto sólo sirve para quitar la rabia y el rencor y para que no duela lo que ese amigo o amiga nos hizo. Esto no es para recordar a nadie con quien hayamos estado involucrados sentimentalmente. En este caso, ponte a recordar algo que viviste junto a tu amigo muy querido. Hazlo cuantas veces te ataquen los sentimientos negativos. Verás que en un par de días, tu mente que ha estado ocupada por cosas que te producen malestar, estará llena de otro sentido muy gratificante y pronto olvidarás lo que te hicieron y, aun más importante, quienes te lo hicieron".

Seguí su consejo. Cada vez que tenía un pensamiento de enojo por mi ex amigo, recordaba momentos donde nos reímos a carcajadas por cualquier cosa que se le ocurría porque es alguien que tiene un ingenio muy especial para narrar situaciones y describir personas. Lo recordaba en las reuniones en la casa junto a todos, festejando los buenos momentos de entonces, cuando él no era el ejecutivo importante y yo no escribía libros. Poco a poco la rabia fue desapareciendo y desaparecieron también las ganas de pensar en él. Una semana después me di cuenta de que ya no sólo no pensaba en su ofensa, ni tenía rabia, ni me daba vergüenza su humillación, sino que ¡ya no me importaba nada de lo que me hubiera hecho ni de lo que dijera de mí nunca más!

Y lo mejor de todo: entendí que si ofendiéndome él se sentía satisfecho, ese era su problema. El mío tenía una satisfacción especial; la que da el saber pedir perdón y extender la mano para que regrese un amigo, lo que a fin de cuentas lejos de humillarme y ofenderme me convierte en una mejor persona que él, aunque nada de eso ya sea importante.

¿Cómo sobrevino la sanación de mi alma?

En primer lugar porque quise que sucediera y en segundo porque he entendido que todas estas situaciones que te descontrolan son las pruebas que nos pone la universidad de la vida para adelantar en ese curso tan especial titulado: "Cómo ser un mejor ser humano". Y este, o se aprueba... o se reprueba.

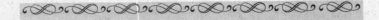

Para recordar…

- Una de las cosas más difíciles de decir es: Perdóname.
- No dejes que quien te humilla y te ofende, te destroce.
- Todas las pruebas de la vida son un examen en la asignatura de "Mejorar como ser humano", y únicamente en ti se encuentra la decisión de aprobar o reprobar la materia.
- Cuando quieras quitarte de la mente algo que te ha hecho daño, no pienses con rabia en él o ella, por el contrario, reemplaza ese pensamiento negativo con uno de felicidad. Pronto verás que tu mente deshecha lo malo, absorbe el pensamiento bueno y en corto tiempo esa ofensa, como quien te la hizo, no tendrá cabida en tu cabeza.

7

Los amigos al rescate

Ya espero haberte convencido de que puede faltarte belleza, trabajo, dinero y amor, pero sin una red de comadres y compadres, no eres nada. Ahora, si no tienes esta bendita red, ¿cómo conseguirla? ¿Cuándo comenzar a tenerla?

Para empezar tienes que hacerlo a temprana edad. Desde la escuela primaria. Tus mejores amigos, los que desde siempre ríen y sufren contigo, los que se alegran de tus primeros triunfos, los que con el correr de los años siempre están ahí y siempre estarán ahí, esos son los primeros compadres que te protegerán en la vida. Pero hay que ser recíprocos. Tú también tienes que ser de la misma forma con ellos.

Un buen compadre, del tipo que sea, siempre recuerda fechas de cumpleaños, siempre está ahí en las bodas pero también en el dolor. Chata Tubilla y yo, ella en Coatzacoalcos, México, y yo en Miami o en la conchinchina donde me encuentre, por lo menos hablamos dos veces por semana. Hoy en día con el avance de las comunicaciones esto no es una cosa del otro mundo, pero hubo años cuando hablar por teléfono a México costaba mucho dinero y yo ganaba apenas lo necesario, e igual eso nunca me impidió saber que siempre estaba conmigo. Cuando llegó el momento de saborear aquello por lo que tanto había trabajado, ¡ni qué decir que el bajo costo de las comunicaciones nos unieron más como amigas!

A fin de cuentas recuerda que los parientes son tuyos porque naciste con ellos y que los amigos y compadres son un regalo que la vida te ha ido dando con los años para premiarte y para que, a su lado, te sientas como los tres mosqueteros: ¡Uno para todos... y todos para uno!

¡Ay de quien te toque para dañarte!

¿Necesitas una mano amiga? Haz tu red de compadres, ellos estarán ahí listos para que nada ni nadie te haga daño impunemente.

La red de comadres y compadres

Los glamorosos

Son aquellos que tienen lo bello y lo insólito a flor de piel: las comadres y compadres glamorosos. Osmel Souza, presidente del concurso de Miss Venezuela, creador de cinco Miss Universos y juez implacable del programa *Nuestra Belleza Latina* es quien encabeza esa lista. Una de sus recomendaciones esenciales representa exactamente como es él.

"Niña, nunca hay que perder la belleza", me dijo Osmel. "Arréglate, ponte feliz, no engordes, no le muestres a nadie la tristeza. Además, nunca hagas caso de quien te quiere lastimar, que no te importe lo que hagan ni lo que digan. ¿Sabes por qué? Porque a uno sólo le debe importar lo que piensen de nosotros las personas grandes y con eso no te hablo de que sean millonarios o famosos. Te hablo de personas a quienes admiras, gente inteligente, triunfadora. De esos sí deberías preocuparte si tienen una mala impresión de ti. De los demás, los que critican, sacan ventaja de uno y no saben ser amigos, nunca, por Dios, que lo que hagan o digan no te importe".

Los filosóficos

La llamada de Jorge Carlos Cassachen me tomó de sorpresa porque ocurrió en las primeras horas después de que decidí liberarme. Su voz me trajo un enorme consuelo: "Te llamo para recordarte algo. ¡Sólo podrá dañarte quien tú se lo permitas hacerlo!".

"Sí, ¿pero cómo hacerlo?", le contesté. "¿Cómo evitar que me lo hagan?"

"Sencillo. No le des a la gente lo que a ellos tanto les gusta: el morbo y el escándalo. La mayoría sólo quiere escuchar que te va mal, que se burlaron de ti, que no tienes trabajo, que te abandonaron, en fin, que te pasan tragedias. ¡Ese gusto no se los des de ninguna manera! Que te vean riéndote y feliz, tranquila, sin andar haciendo demostraciones innecesarias. Tú no eres persona de andar en bares ni en fiestas. Sigue escogiendo dónde y con quién reunirte y lo demás lo hará el tiempo. Al morbo sólo lo diluye el tiempo, ¡tú verás!"

Jorge Carlos había llegado con su sabiduría tan certera en el momento en que más lo necesitaba. La respuesta y la fuerza que me dio en ese momento fueron importantísimas para que nadie, de ninguna manera pensara en mí como una persona a la que le gusta el papel de víctima. ¡No, y no!

Jorge Carlos representa a los compadres y comadres filosóficos que nos hacen ver los valores que tenemos y los sacan a relucir cuando más los necesitamos.

Los valientes

Existen unos cuantos personajes que salen en defensa de uno como lo hubieran hecho las estrellas de la época de oro del cine mexicano en la década de los 40, como Pedro Infante o Jorge Negrete, tirando balazos para defenderte de las injusticias y las difamaciones. Son como El Llanero Solitario cuando te tienen rodeado. A estos compadres y comadres no les importa entrar a rescatarte de cualquier sitio, por complicada que sea la situación. Lo que cuenta es que con su mediación ni los más malos se atreven a dañarte. ¡Ay de quien se meta contigo si alguien intenta agredirte verbal o físicamente, que se preparen! Yo misma caigo en esta clasificación. Soy una comadre aguerrida, ¡si no lo sabré bien!

Un día, hace muchos años (no menciono la ciudad para no incriminarme), una comadre mía, buenísima persona y quien tenía todas las evidencias de que su esposo le era infiel, me pidió que la acompañara a un sitio. Pasó a recogerme y me limité a subirme a su auto. Resulta que en el camino me enteré de que nos dirigíamos al motel donde estaba el infiel. Al llegar mi amiga se bajó y comenzó a tocar la puerta donde estaba estacionado el auto de su marido justo a la entrada de la habitación. Los gritos eran tales que vino corriendo el gerente pidiéndonos que nos fuéramos. De pronto, el hombre me reconoce y empieza a rogarme: "Sra. Collins, váyase de aquí por favor, usted es una persona conocida, un escándalo dentro de este motel no la va a ayudar".

Mientras tanto mi amiga enloquecida daba golpes en la puerta para que el marido le abriera. ¡Sí, pensaba que le iban a abrir! Por supuesto que el hombre ha de haber estado al borde del infarto y nunca dio señales de vida. Yo le pedí a ella que nos fuéramos porque no íbamos a lograr nada. Ya tenía la evidencia de que su esposo estaba adentro de una habitación de un motel con otra mujer, ¿qué más quería?

"El divorcio comadre, ¡hoy sí que le pongo la demanda de divorcio a este desgraciado!"

En ese momento mi amiga va al maletero del auto y ¡saca un contenedor lleno de gasolina y un gran bulto de ropa del marido! Rápidamente lo puso en la puerta del cuarto, lo roció con gasolina y le prendió fuego.

Inmediatamente se subió al auto y nos fuimos del sitio. Yo estaba aterrada, pero como comadre valiente me limité a no preguntar y a demostrarle que siempre estaría con ella. El final de aquel episodio me llegó cuando se supo la infidelidad de Fabio. La comadre aquella a la que treinta años antes había acompañado en la persecución del marido me localizó como pudo sólo para decirme: "Aquel día lo hiciste por mí, hoy lo hago por ti comadre, sin que me lo pidas".

¡Era palpable la gratitud por aquella deuda de honor que tenía conmigo! Este es el ejemplo de las comadres y los compadres valientes.

El investigador

Este compadre no puede faltarle a nadie. Es muy especial porque es un investigador nato. Son híbridos entre Sherlock Holmes y James Bond, y son capaces de meterse a investigar cualquier cosa con la sangre más fría del mundo sin que siquiera solicites su ayuda. Yo tengo uno que se llama Frank H. Mármol y lo mismo te encuentra los datos más escondidos en Internet o investiga lo que realmente sucedió de un hecho así haya pasado hace mucho tiempo. Como no hay nada que dejen a medias, se toman cualquier petición como si fuera una tarea digna del agente 007. Se disfrazan de cualquier cosa para acercarse al blanco de su investigación. Lo confunden y sacan toda la información. A Frank H. Mármol le debo la prueba más importante de su compadrazgo investigador: se hizo pasar por "cliente" del Tabledance Club donde trabajaba la mujer con la cual me traicionó Fabio. Habló con ella y logró obtener todos los datos que ayudaron a armar el rompecabezas de la infidelidad sin ninguna mentira ¡porque la mujer nunca supo con quién estaba hablando! Compadres como estos son para hacerles un monumento.

El vengador

Se las arreglan para saber lo que te sucede, cuando te sucede y te dan soluciones de inmediato al problema. El único "pero" es que son vengadores de la ofensa que alguien te hizo y en ese ánimo de hacer justicia se meten en problemas y por consiguiente te pueden meter en problemas a ti también. Tengo un par de ellos que no sé cómo se enteran de que me pasó tal o cual cosa, lo cierto es que se enteran y de inmediato me llaman para entrar en acción. Por supuesto que con la confianza que nos tenemos les cuento la historia, pero con el tiempo he aprendido a tratar de controlarlos. Les suplico, les ruego y finalmente les hago jurar por su honor y por el de toda su familia que no van a tomar ninguna represalia ni acción para reivindicar lo que me han hecho... o nunca más les vuelvo a dirigir la palabra, y solo así me hacen caso. Es una gran tranquilidad contar por lo menos con un compadre o una comadre vengadores... porque al verlos nuestros enemigos tienen que ponerse a rezar.

Los ingeniosos

¡Ah! Cómo se ríe uno con estos compadres dotados de una vena muy especial para hacerte sonreír cuando más lo necesitas. Sólo a ellos se les ocurren cosas descabelladas cuando por ejemplo alguien te debe dinero, te traiciona y se marcha burlándose de ti. Además, son intransigentes a la hora de saldar cuentas.

Uno de mis compadres ingeniosos había dado por terminada una mala relación sentimental. Su pareja se había marchado no sin antes haberle sacado dinero, utilizado sus tarjetas y haber vivido a sus costillas viajando y derrochando lo que no era suyo. La tipa se llevó casi todas sus cosas pero dejó algunos objetos que para ella significaban mucho mientras encontraba un nuevo lugar, entre ellos una banda de músicos hecha de alambre que había puesto en la sala. La mujer, que no tenía el menor recato, al marcharse de casa de mi amigo le dejó la casa hecha un desastre, sucia y con basura por todas partes. Así que también le quedó debiendo lo que él le tuvo que pagar a una persona para limpiarla. Mi compadre estaba indignado porque, aunque la mujer esa ya se había mudado a vivir con otro hombre, de vez en cuando ¡lo llamaba para ver qué había pasado con su adorada orquesta de músicos! Un día mi compadre decidió que no tendría más aquellos adefesios en su sala. No sólo los quitó del lugar donde la tipa los había puesto, en el mueble del televisor... sino que ¡los puso en venta en eBay! Cuando se le ocurrió la genial idea todos nos revolcábamos de la risa. Finalmente, alguien le compró los adefesios aquellos ¡y por lo menos recuperó el dinero que pagó para limpiar la casa cuando la cochina de la ex pareja se marchó!

Los "líderes"

Los amigos líderes son muy especiales: cada vez que tienes un problema puedes contar con ellos para una asesoría simultánea. Tomando el modelo que utilizan los políticos que celebran reuniones "cumbre" para discutir sus problemas y de paso saludarse, criticar a unos cuantos y gozar con las idioteces de otros, así estos compadres líderes organizan estas "Cumbres de compadrazgo". Analizan contigo el tema que te tiene dolido —que bien puede ser lo que te hicieron amigos o compañeros de tra-bajo—, te ayudan a hallar al que se encuentra escondido bajo un disfraz de buen amigo y que te está difamando a tus espaldas o fácilmente despajan las situaciones sentimentales de peligro por las que estés atravesando. En fin, hay plenitud de temas que se pueden discutir en estas "cumbres" organizadas por un com-padre que tenga liderazgo. Ellos saben cómo esta asesoría senti-mental solventa los problemas que difícilmente tu podrías analizar porque estás metida de lleno en el problema mientras que ellos tienen una visión fría y equitativa de lo que sucede. La "cumbre de compadrazgo" surte efecto porque el objetivo siempre será hacerle sentir al compadre que lo necesite que "ahí estamos", además de ofrecerle soluciones.

¿Ves por qué te digo que tienes que tener por lo menos uno que sea como tu ángel de la guarda? Por lo menos sabrás que puedes decir: ¡Uno para todos... y todos para uno!

Para recordar…

- Construye, alimenta y fomenta tu red de comadres y compadres.
- El compadre o la comadre filosófica nos hace ver el valor que tenemos como personas y nos lo muestra cuando más lo necesitamos.
- El compadre o la comadre glamorosa nunca se olvida de la belleza a la hora de dar un consejo y lleva lo insólito siempre a flor de piel. Ellos son los que dicen: "¡Ponte bien y que no te dañe el que quiera, sino el que pueda!".
- El compadre o la comadre valiente es el que sale a tu defensa como lo hubieran hecho los galanes de las películas mexicanas de los años cuarenta, echando bala y empujando a quien te ofenda. Te rescatan de cualquier sitio.
- El compadre o la comadre investigadora es una mezcla entre James Bond y Sherlock Holmes. Sin que se lo pidas, y sin importar lo difícil que sea, investiga todo lo que pueda estarte dañando, y lo hace sólo para ayudarte.
- El compadre o la comadre vengadora es como El Zorro. Se las arregla para saber lo que te sucede si

alguien te ha ofendido y de inmediato se da a la
tarea de hacer justicia a su manera.

- El compadre o la comadre ingeniosa es
  generalmente el que nos hace reír. Sólo a ellos se
  les ocurren cosas descabelladas cuando alguien te
  debe dinero, te traiciona y se marcha burlándose
  de ti.
- El compadre o la comadre líder es con quien
  cuentas porque es muy especial y está dotado de
  la habilidad de un político. Organiza y celebra
  reuniones "cumbre" con otros compadres para
  encontrar la solución a tu problema.
- El compadre o la comadre omnipresente siempre
  aparece cuando más lo necesitas. No tienes ni que
  llamarlos, siempre están ahí contigo.
- Tener una buena comadre o un buen compadre
  exige que tú también lo seas para ellos. Así que
  escoge la categoría en la que más te puedes
  destacar con tus amigos necesitados.
- Finalmente, no olvides lo siguiente: no eres nada
  en esta vida sin una red de compadres y comadres.

8

K - a - r - m - a
cinco letras
importantísimas

Mi amigo Frank H. Mármol me llamó, rápido y veloz, apenas tuvo en sus manos la edición de *Dijiste que me querías*, el libro donde narro el dolor por la muerte de mi esposo y el dolor por su traición antes de enfermarse fatalmente. Frank lo conoció a él antes que a mí. Es más, eran amigos y se convirtió en mi gran amigo cuando Fabio, sumamente enfermo, tuvo que lidiar con la mujer con la que me había engañado, que no aceptaba que él la hubiera engañado a ella también y que se hubiera quedado conmigo. En esos momentos de sumo dolor, recurrí a Mármol y se convirtió también un poco en actor de aquella desgraciada telenovela de la vida real. Por tanto, cuando *Dijiste que me querías* salió a la venta, de inmediato me llamó con otra de sus geniales ideas.

"Le voy a mandar una copia del libro a la mujer esa para que vea el infame lugar que ocupó en la tragedia".

Temblé de miedo al escuchar lo que quería hacer (y que de no haberlo consultado conmigo antes, por supuesto que lo hubiera hecho sin ningún problema) y le dije: "¡De ninguna manera Frank Mármol, de ninguna!"

No me dejó regañarlo más porque tenía a la mano una larga lista de acusaciones que le daban el derecho de mandar el libro a la mujer.

"¿Te has vuelto loca?", me respondió. "¡Es la oportunidad dorada de vengarte! ¿Acaso ya se te olvidó lo que ella hizo para casarse por la iglesia con él engañándolo con que eso no valía más que con Dios? ¿Se te olvidaron las humillaciones que tuviste que vivir durante tanto tiempo porque andaba intentando vender las imágenes de la boda con tu marido?"

"No se me ha olvidado del todo", le dije, "pero debo confesarte que la mayoría de los detalles los he almacenado en el baúl de los recuerdos para hacer mas rápido y efectivo el perdón, por lo tanto no forma parte de mis pensamientos hoy día".

Lo más importante sin embargo no era eso, sino otra cosa a la que siempre he temido: que al hacer deliberadamente algo en contra de alguien, esto regresara a mí con la misma o peor intensidad de lo que me hicieron, y eso no es otra cosa que el llamado *karma*.

Frank Mármol comprendió lo que yo le estaba pidiendo de no enviarle el libro a la ex amante de Fabio porque yo no quería hacer nada malo de lo que pudiera arrepentirme más tarde.

"Quizá tengas razón", me dijo. "Mira donde está cada uno de ustedes. Fabio falleció, por tu parte hiciste un libro que ha sido exitoso, saliste adelante con todas las situaciones que se te presentaron. Haz decidido el rumbo de tu vida profesional de acuerdo a todo lo que puedes hacer: la radio, la columna semanal en los periódicos, el artículo mensual de *Selecciones*, la televisión, los anuncios, en tanto esa infeliz mujer no tiene nada".

"Por eso mismo Frank. ¿De qué me va a servir humillarla y hacerle ver lo bien que a mí me va? No, no. Deja eso en paz. Si ella lee el libro, que sea por ella misma y que ahí se dé cuenta del dolor que viví. Que razone en privado sobre sus acciones, y si se entera por otro lado del libro, allá ella, pero que nunca sea por mis manos".

Karma

Las cosas quedaron ahí. Frank y yo no volvimos a hablar del tema y nunca supe si esa mujer siquiera supo que había un libro con la historia. Ni lo supe, ni me interesó saberlo. ¿Qué significaba eso? ¿Acaso yo era un portento de virtudes encaminada a convertirme en una santa? ¿SANTA YO? ¡NUNCA! Más bien todo lo contrario. Por supuesto que tuve ganas de enviarle yo mismita el libro, pero no sólo a ella, sino a su madre, a su familia, a sus hijos. Por supuesto que en cientos de ocasiones mientras sufrí por lo de Fabio quise haberle hecho pagar por lo que sufrí, pero nunca hice nada por una sencilla razón: creo en esas cinco letras que hacen una gran diferencia en tu vida y que no es otra cosa que el karma. Haces algo malo y se te regresa toditito.

Definiendo el karma como lo hacen los budistas, esto es, en pocas palabras, una acción presente o pasada, hecha intencionalmente en contra de otra persona.

Karma es una acción mental, verbal o física.

Karma es también una buena o mala acción.

Karma es una cuestión de los sentimientos que puedas tener, oscuros o limpios.

"En el fondo todo el mundo tiene un espíritu vengativo y rencoroso", me dice Renán García, mi estilista del cabello durante más de veinte años. "¿A quién no le gustaría hacer justicia contra aquel que nos ha hecho daño? ¡A todos en principio! Es humano tener esa reacción inicial, sin embargo, la experiencia con los años te enseña a que nunca hay que desear o hacer el mal porque finalmente termina regresando a aquella persona que lo generó. Yo creo mucho en el karma, en lo bueno y lo malo. Así que decido hacer el bien y nunca lo contrario. La vida se encarga de lo demás".

Renán García había tocado el punto justo: el karma abarca las buenas y malas acciones por igual.

"Tienes que tener mucho cuidado con las cosas que estás pensando realizar y su significado", me dijo Renán, "porque sucede que muchas veces piensas en hacer justicia y eso está bien, tú puedes estar haciendo justicia, pero con eso, también estas dañando a otra persona. Para ti era algo justo, para el otro, significa quizá lo opuesto".

Pide armonía para todo el mundo

Esto me recuerda algo en lo que creo desde hace muchas décadas: las enseñanzas de ese ser maravilloso llamado Connie Méndez, una venezolana e inmortal autora de *Metafísica en cuatro pasos*. En la década de los ochenta, la periodista y presentadora de televisión mexicana Patty Chapoy me regaló mi primer libro sobre la materia, y si algo he aprendido y trato desde entonces de poner en práctica, es la oración principal: "Yo quiero... de acuerdo a la voluntad divina, bajo la gracia y de manera perfecta, gracias Padre que ya me oíste". Esa oración te enseña a no pedir nada que pueda dañar a otro mientras te beneficia a ti. Los metafísicos creen que de ser así, Dios no te concede los favores porque en el plano espiritual todos somos sus hijos, sin importar si son buenos o malos y a los hijos los beneficia por igual.

El karma bueno te trae más bondades

A diario, sin importar si estoy en casa o de viaje, siempre va conmigo mi libro de metafísica. No recuerdo una sola vez en que no lo haya tenido cerca. De esa manera me aseguro de leerlo y de por lo menos intentar siempre que quiera desviarme que las cosas siempre marchen mejor si no le deseo mal a nadie deliberadamente y si pido las cosas equitativamente. La lección más importante la recibí en el año 1993 en Kingston, Jamaica.

Me tocó la cobertura de la visita de su santidad Juan Pablo II a Jamaica donde inauguraría la casa de las Misioneras de la Caridad de la Madre Teresa de Calcuta. El equipo de Univisión con el que viajaba, la productora Lourdes Torres y el camarógrafo Luis "Chacho" Donadio fueron testigos de un milagro moderno porque pude componer el camino en aquel viaje.

Resulta que mientras viajábamos de Miami a Kingston me enteré de que una semana antes que nosotros ya se encontraba en Jamaica Ricardo Brown a quien considero (y mi queridísimo Jorge Ramos no me deja mentir) el mejor reportero de televisión. Nadie mejor que Ricardo Brown en el campo de trabajo para describir, contar y maravillar a todos con sus historias. Como Ricardo se había marchado recientemente a Telemundo, por consiguiente estaba aterrada sabiendo que yo tendría que bajar a toda la corte celestial para poder realizar una cobertura igual a la de Ricardo, que además es un gran amigo. En el avión saqué mi libro de metafísica y escribí una oración con todo aquello que deseaba en un papelito. Recuerdo haber escrito: "Que mi cobertura de la visita del Papa a Jamaica sea superior a la de Ricardo Brown".

Cuando terminé de escribir y la leí, algo me llamó la atención porque esa petición no me gustaba: ¿En verdad tengo que pedir ser superior a Ricardo? ¿No es eso querer que a él le vaya mal y a mí mejor que a nadie? De inmediato me di cuenta de que yo estaba pidiendo las cosas incorrectas, es decir, deseando mal a mi amigo deliberadamente, y eso luego se traduce en mal karma.

Rápidamente borré todo lo que había escrito en aquel papel y lo rompí y volví a escribir otra oración que hasta el día de hoy guardo y que dice: "Que mi cobertura de la visita del Papa a Jamaica sea EXTRAORDINARIA, que todos aquellos que la vean y la escuchen queden más que satisfechos". La guardé y la repetía así cada vez que rezaba.

El día que su Santidad iba a inaugurar la casa de las Misioneras de la Caridad, por razones de seguridad tuvimos que llegar un par de horas antes. De pronto, Luis "Chacho" Donadio y yo nos encontramos en la entrada con Ricardo Brown y José Perez, su camarógrafo y quien también, antes de marcharse a Telemundo, en su tiempo de Univisión fue durante años mi camarógrafo. De pronto se arma un ir y venir de gente y ¡zaz!: todos quedamos encerrados en un cuarto donde de pronto llegó el papa Juan Pablo II. En ese momento ¡yo estaba a unos escasos tres pies de distancia de él! Detrás veía a Ricardo Brown y a José Pérez observar la escena. En un instante y dejando el protocolo que ordena que no se entreviste a los papas, me quité el micrófono que traía en la solapa mientras "Chacho" saltaba a un lado para tomar la escena. Le pedí al Papa su bendición y unas palabras para los hispanos de los Estados Unidos porque, precisamente él luego iría a Estados Unidos a la Jornada Mundial de la Juventud.

Juan Pablo II me dijo: "Que sean buenos, que los hispanos sigan siendo gente de Dios".

Acto seguido me puso su mano sobre mi cabeza y me bendijo ¡frente a las cámaras de televisión! Chacho y yo estábamos paralizados de la emoción.

"¿Lo tomaste? ¿Lo tenemos en el video?", le pregunté sobresaltada.

Chacho sin reponerse de la impresión me decía: "¡Sí! ¡Sí!"

De más está decir que la alegría estalló en la redacción del Noticiero Univisión cuando supieron lo que habíamos logrado. Alina Falcón, la entonces vicepresidenta de noticias, habló para felicitarnos y ni qué decir que aquella cobertura fue memorable. Por la noche, cuando llegué a mi hotel y abrí mi libro de oraciones, más que nunca me di cuenta de que la metafísica había obrado tal y como yo lo había pedido: "Que mi cobertura de la visita del Papa a Jamaica sea EXTRAORDINARIA, que todos aquellos que la vean y la escuchen queden más que satisfechos".

¿Por qué sucedió todo? Porque yo misma permití que las cosas se acomodaran de tal forma que lo bueno que me sucediera no dañara a nadie porque así lo pedí yo, deliberadamente.

Esta es una de mis grandes lecciones de vida, y lo seguirá siendo hasta el fin de mis días porque cada mañana que me levanto sigo pensando lo mismo: lo malo que le haces a los demás, te regresará, sea más tarde, más temprano o, peor aun, en aquellos a quienes tú más quieres.

Si tú me llegaras a pedir un consejo, yo, que no me creo capaz de dar ninguno sino contarte lo que me ha sucedido y lo que he hecho por si tú quieres repetirlo para solucionar aquello que te duele, te daría este sin lugar a dudas:

No seas bueno o buena en la vida porque quieras ser santificado o santificada.

Hazlo por el miedo enorme a que lo malo que hagas... ¡te pueda volver!

No está escrito en ningún lado, pero es una ley inevitable.

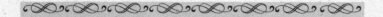

Para recordar...

- Definiendo el Karma como lo hacen los budistas, esto es, en pocas palabras, una acción presente o pasada, hecha intencionalmente en contra de otra persona.
- Karma es una acción mental, verbal o física.
- Karma es también una buena o mala acción.
- Karma es una cuestión de los sentimientos que puedas tener, sean oscuros o limpios.

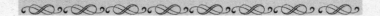

9

Cree en algo... pero cree, ¡por favor!

La pregunta más común que me hacen en seminarios y conferencias a donde voy a dar pláticas es: ¿De dónde saca la fuerza para salir adelante en la adversidad? Generalmente mi respuesta es la misma: de mi fe. Soy una mujer de fe. De otra manera hubiera sido difícil mantener la cordura ante las mil y una circunstancias que me han tocado vivir.

En lo más difícil del problema que nos azotó como familia cuando un novio violento, el primero que tuvo mi hija Antonietta, casi la mata, si yo no hubiera tenido la cantidad de fe que profeso, en realidad no sé dónde estaría ahora. Lo recuerdo como si fuera hoy, y lo recordaré siempre, fue el momento en el que decidí salvarla de la muerte, así de sencillo.

Antonietta, la figura central de mi libro *Cuando el monstruo despierta*, vivía ajena al círculo de la violencia doméstica sin antecedente alguno en su vida familiar. Sin embargo ella, una muchacha buena y tranquila, había caído presa de la mano de su primer novio, un adolescente irascible y abusivo.

Cuando nos dimos cuenta de que él la golpeaba, a pesar de que ella lo negaba, nosotros decidimos convertirnos en policías, bomberos, paramédicos e investigadores para no permitir que algo malo le sucediera. Ella no podía vivir con el acoso al que la sometimos para librarla de sus garras, pero tampoco podía vivir sin el muchacho. Era su primera relación, desafortunadamente con esas condiciones de violencia. Aquel novio, además de los golpes a diario, comenzó a destruir su autoestima, a menospreciarla y a hacerla que callara y se volviera rebelde en contra de la familia. La aisló del resto de la gente... hasta que decidí y decidimos en casa que mi hija no iba a ser una víctima más de la violencia que termina en la tumba de un panteón.

Decidí no vestirme de negro en su funeral mientras veía a sus amigas decir: "Sabíamos que iba a suceder pero no pudimos hacer nada para evitarlo porque ella no se dejaba ayudar". No, no. Ese no iba a ser el fin de la vida de mi hija Antonietta mientras yo viviera.

La lucha con ella era día a día. Un día nos parecía ir ganando y todos lo festejábamos... para el otro desmoralizarnos al darnos cuenta de que nos mentía y que en realidad ella continuaba en las garras de aquel muchacho violento y desubicado. Recurrí a todos los métodos, a todas las ayudas y al final siempre resultaba vencida. Pero nunca me di por enterada de eso, ni dejé de rezar... y ahí radicó mi fuerza para sacarla adelante.

Uno de los peores días fue aquel en el que, haciendo la misma revisión de rutina a su recámara, entre sus cosas personales, mi entonces cuñada Inés Marina "Yuyita" Fajardo encontró el diario que Antonietta iba escribiendo y que por supuesto yo le leí a mi entonces confesor, el padre José Pablo Nickse q.e.p.d., párroco de la Iglesia de St. Brendan en Miami. Recordar aquel texto aún me causa escalofríos.

"Cada día", escribió Antonietta, "me es más difícil vivir con este drama a cuestas y cada día me es más difícil vivir sin él. Me dice que no valgo veinticinco centavos y que lo mejor que le sucedió a mi papá fue morirse allá en México para no ver a una hija como yo vivir. No sé qué hacer, o mejor dicho, sí sé qué hacer: tengo que desaparecer para no darle más problemas a mi familia por culpa de él. Cada día es peor porque quiere que yo los deje y tampoco puedo hacerlo".

"Esto es peligrosísimo", me dijo, muy preocupado el padre Nickse al leer aquel diario. "Es evidente que ella ya no puede resistir y está a punto de cometer la locura del suicidio. Ahora sí, yo, que nunca estuve de acuerdo en que la sacaras de Miami, te digo que es el momento justo de ponerle tierra de por medio a esta situación para salvarla".

De la que era su oficina a la capilla de la iglesia había un estrecho tramo que recorrí rápidamente para rezar pidiendo fuerzas porque me faltaban. Dios siempre me tomó de su mano para socorrerme y yo nunca dejé de invocarlo para que no me soltara su protección.

Antonietta partió a vivir a Ohio con su hermana Adrianna, pero no fue fácil ni sencillo. Luego de que se le pasó la sorpresa de verse viviendo en otro sitio sin previo aviso, una tarde, semanas después, regresó a Miami y se negaba a volver a Ohio.

Me impuse con fuerza por encima de mí misma (que ya desfallecía por el drama que llevaba consumiéndonos en familia más de año y medio). La volví a montar en un avión al día siguiente sin importar nada más que salvarla. Y, paulatinamente, en el transcurso de un par de meses, efectivamente esto tuvo resultados y la recuperamos.

La fe fue la que me llevó a encontrar la solución de lo que buscaba en mis oraciones, donde por supuesto nunca incluía al mequetrefe aquel que nos desgració la vida un buen tiempo. No, no lo hice hasta que Doris García, mi manicurista, me hizo ver que Dios no trabaja de esa forma. Ella, una creyente evangélica, me convenció de que debía rezar por el muchacho que había deshecho mis sueños de que mi hija estudiara en la Florida y fuera una muchacha feliz en su casa. ¡Doris quería que yo rezara por él! ¿Para qué? ¿Estás loca? ¿Rezar por ese infeliz que no tuvo misericordia de golpear a una muchacha frágil como la mía? ¿Rezar por ese maldito que me la puso al borde del suicidio?

"Así mismo es", me dijo Doris. "Debes rezar por él y verás el cambio porque seguramente ellos se van a dejar".

Sólo por inercia comencé a hacerlo: "Diosito, por favor ilumina al anormal ese del novio de mi hija para que la deje y se acabe esta pesadilla".

Repetía eso mañana, tarde y noche y nada sucedió. Lo comenté con Doris quien finalmente me dijo por qué las cosas no funcionaban.

"El señor no puede tomar en cuenta lo que tú crees que es una plegaria porque, en primer lugar así no se reza y, en segundo lugar, con toda su maldad ese muchacho también es hijo del Señor. No estás pidiendo cosas con justicia. Pídele que le abra su camino igual que a tu hija, pídelo con fe y el milagro comenzará a ocurrir".

A partir de aquella noche, verdaderamente con toda mi fe y pensando en la vida de mi hija comencé a rezar por el abusador. Recuerdo haber rezado decenas de veces para que él encontrara un camino con luz. Pedía a Dios que iluminara sus acciones y que encontrara la felicidad. ¡Dos semanas después me enteré de que todo había terminado entre ellos porque él tenía ya una nueva novia!

El final de la historia es fantástico. Como familia volvimos a tener a Antonietta, quien vivió en Ohio durante cuatro años maravillosos en donde estudió periodismo deportivo y se graduó de la universidad.

¿Cómo no tener fe? ¿Cómo no creer que la fe mueve montañas?

Cree en lo que tú quieras, pero cree

Cuando me ven en las coberturas papales o en cada aniversario de la Virgen de Guadalupe, lo que el público no imagina es que siempre junto a todos los libros que llevo conmigo para consultar, en mi bolso nunca falta uno muy especial. No es católico pero eso no es lo importante.

Lo significativo es que *Metafísica*, un pequeño libro rojo, me ha enseñado a pedirle correctamente a Dios, al Padre, al Señor o como tú quieras llamar al poder supremo, y cuyas enseñanzas trato de poner a diario en práctica para mejorar mi espíritu.

A mi fe católica no le hace daño conocer hombres de buena voluntad y gran fe como los evangelistas que han sembrado la diferencia en muchas vidas. Es el caso de Joel Osteen, el pastor de la Iglesia Lakewood en Houston, Texas, un hombre que piensa que, buenos o malos, los seres humanos siempre que lo quieran, pueden sacar lo mejor de sí mismos a través de Dios.

Con todo esto te quiero decir que soy católica, pero también ecuménica en el sentido que creo en las acciones de hombres y mujeres de buena voluntad como la clave para poder cambiar las cosas malas del mundo.

Un ejemplo de ese ecumenismo es el fenómeno de la Virgen de Guadalupe que me emociona no porque yo haya nacido en México, sino por lo que representa. Los fieles que la veneran no son necesariamente católicos ni mexicanos, ¡son guadalupanos! No en balde es "La Emperatriz de América" y con eso basta para abarrotar la Basílica del Tepeyac en la capital mexicana cada 12 de diciembre sin importar el credo ni la nacionalidad. La fe alrededor de ella es lo que convoca a esas multitudes a desafiar el frío en una noche donde sólo cuenta irla a ver y rezarle y pedirle como te hayan enseñado. Este es otro milagro de la fe.

Lo importante es que la fe se obtiene no sólo por creer en

algo, sino por ponerla en práctica. Sin importar tu denominación religiosa obliga a tus hijos a que desde pequeños crean en
algo, pero que crean, es decir, que tengan fe. Hazlos ir a la iglesia e incúlcales la costumbre de asistir regularmente cada semana. Deshecha esos pensamientos de flojera y excusa que se
escuchan constantemente entre los que son religiosos de ocasión. Como cuando dicen: "Yo no voy a la iglesia ni a misa o al
servicio, pero rezo en mi casa y no le hago mal a nadie". ¿Qué
enseñanza están dando a sus hijos? ¡Que cumplir con Dios es
algo elástico! Se hace ancho y angosto de acuerdo a tus necesidades, y eso no es así.

Como madre siempre llevaba a mis hijas a la iglesia. Cuando
pequeñas no había problema, la rebeldía comenzó en la adolescencia hasta que me impuse a sus decenas de excusas para
no ir:

"¿Que no van a la iglesia porque rezan en la casa y no le
hacen mal a nadie? ¡Qué pena, pero mientras vivan bajo este
techo sí lo van a hacer! Ustedes no son las que ponen las reglas
de la religión. No en esta casa. Si cuando ustedes sean adultas
no quieren volver a poner un pie en la iglesia, ¡allá ustedes! Pero
mientras sean mi responsabilidad, vamos todas juntas a rezar".

Usualmente no había más que refutar. Y yo al final estaba
en paz.

Por razones como la anterior en la que como madre no me
importó pelear para hacerlas creer, siempre que un muchacho,
especialmente los cubanos que nacieron y crecieron en la Cuba
comunista, me dice que no sabe ni siquiera rezar un Padre
Nuestro o un Ave María, me da una enorme tristeza. No solo
por ellos, sino por sus padres que a fin de cuentas son los res-

ponsables de no haberles inculcado el amor a Dios. En el caso cubano hay disculpas por la situación en la que nacieron, pero en el resto que por flojera deja de lado a Dios, ¡que Dios los ampare!

Lo que te quiero decir es que la fe verdaderamente mueve montañas. Pero creer en algo es una acción que sólo depende de ti y además es un sentimiento que se extiende a los otros actos de tu vida que no tienen que ver con la religión. Si conoces la fe, también tendrás fe en ti mismo más fácilmente que los demás. Piensa y verás que te digo algo cierto. Pero también recuerda que para que la fe te acompañe siempre, tendrás que ponerla en práctica. Hazlo y verás que no te volverás a sentir solo y ¡por supuesto que nunca te arrepentirás de haberlo hecho!

No intento convencerte de nada, ni soy quién para hacerlo. Mejor que nadie sé que:

El maestro aparece cuando el alumno está listo para aprender.

Lo único que quiero dejarte luego de leer estas líneas es algo por si lo necesitas: si he podido sobrevivir a infidelidades, traiciones, muertes, soledad, angustia y a los cambios, si no me han faltado las fuerzas para seguir luchando, es porque al final mi fe siempre me ha sostenido para sobrepasar el temporal.

¡Que de algo te sirva esto!

Para recordar…

- Cree en lo que tú quieras… ¡pero cree!
- No importa la denominación religiosa que profeses, nunca te hará daño el conocer una práctica de buena fe.
- Los seres humanos, buenos o malos, siempre que lo quieran pueden sacar lo mejor de sí mismos a través de Dios.
- Las acciones de hombres y mujeres de buena voluntad son la clave para cambiar los problemas del mundo.
- La fe se obtiene no sólo por creer en algo sino por aprender a ponerlo en práctica.
- Obliga a tus hijos desde pequeños a que crean en algo, es decir, a que tengan fe.
- Deshecha los pensamientos de flojera y excusa religiosa: las religiones tienen preceptos que cumplir.
- Si conoces la fe también tendrás fe en ti mismo, más fácilmente que los demás.
- Creer en algo es una acción que sólo depende de ti y, además, es un sentimiento que se extiende a los otros actos de tu vida que no tienen que ver con la religión.

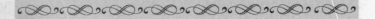

10

No hay mal que por bien no venga

Un gran amigo mío, reconocido profesional dentro de la televisión hispana, es una persona alegre que siempre va por la vida contando chistes y dispuesto a dar la mano a quien se lo pide, aunque tiene un problema: no sabe pedir nada cuando se trata de él. Es un enamorado de lo que hace, como lo es de cuidar los animales desvalidos que rescata, y si se puede hablar de lo que más le gusta hacer, sin lugar a dudas es recibir a sus amistades en su casa, a la que dedica toda su energía y dinero. Ahí es donde invierte todo lo que gana porque su mayor placer es arreglarla para poder atender bien a sus amigos cuando llegan a verlo.

Por todo lo anterior, cuando a principios de ese año comencé a notarlo triste, sin nada que contar, en ocasiones evadiendo fiestas y reuniones y hasta medio ausente de lo que lo rodeaba, me preocupé. Sin más, uno de esos días lo acorralé para que me contara la verdad y le advertí que no iba a aceptar un "Chica, no pasa nada, ya no preguntes" como respuesta. Supo que ese día no tenía más remedio que contarme la verdad.

"¿Qué me pasa?" me dijo. "Que al igual que a miles en este país, el trabajo se me ha reducido, los pagos de la casa me aumentaron porque fui víctima de un fraude y la he perdido".

Me quedé petrificada mientras él seguía hablando.

"Tengo que dejar mi casa. Yo no soy de esos que pierden las casas y se quedan ahí a vivir hasta que llegan a sacarles todas las cosas a la calle y siguen como si nada pasara. Me han recomendado que me quede sin hacer nada, que por lo menos ocho o diez meses puedo estar sin pagar la hipoteca, y que lo haga hasta que me vengan a sacar, pero ¡qué va! He ido a alquilar otra casa porque con nada más imaginar que llegaran de la corte a lanzarme a la calle, ¡me muero de la vergüenza! ¡Esto no es el sueño americano, es la pesadilla americana! He hecho todo lo que he podido para que no sucediera, pero la mujer que me ayudó en el proceso cometió fraudes y nada. No me queda más que irme con toda la tristeza a cuestas".

"¿Hay algo que pueda hacer para ayudarte?", le pregunté preocupada.

"¡No! Te digo que ya renté una casa y me mudo este fin de semana".

"Ten fe", le dije. "No la pierdas que algo tendrá que pasar. Reza, pídele a Dios y Él te dará algo".

"¡Por favor! ¿Qué más quieres que haga? He rezado, he escrito más de cien veces en un papel como dice la metafísica, 'por favor, Dios, que ocurra un milagro y que no pierda la casa' y ¿qué ha pasado? ¡Nada! ¡Ahora me tengo que ir pa'l carajo! ¡Olvídate! No te preocupes que no hay nada más que hacer. Me mudo y ya".

Por supuesto que en silencio, para no molestar a nadie, se mudó de casa. Cuando me lo dijo fui a visitarlo y sentí lo que él estaba sintiendo. Por más que intenté darle ánimos, no pude lograr decirle que el sitio era de lo más bonito porque él mismo sabía que no lo era. La casa no sólo era fea, sino también de aspecto frío, con cuartos por todas partes distribuidos extrañamente y sin sentido. Tenía todos los pisos desnivelados, la cocina y el resto del sitio eran un desastre total, la luz y el aire acondicionado... ¡para que decir más! Sin embargo, durante los siete meses siguientes hizo todos los oficios para reconstruir su casa. Hizo de albañil, pintor, arquitecto, electricista, decorador y poco a poco convirtió aquel lugar sin vida, ¡en un hogar acogedor! Se veía de lo más bonito. Parecía imposible pensar que era la misma casa de espantos a la que se había mudado recientemente.

Tenía su estilo muy personal, la cocina invitaba a sentarse ahí a platicar y la sala era de lo más agradable. En fin, aquello gracias a él era nuevamente un verdadero hogar y él por su parte parecía estar en paz... hasta que sobrevino la tormenta.

Un día lo noté extraño, sin hablar, desilusionado. Sabiendo que eso no era por problemas sentimentales (porque tiene con su pareja una de las relaciones más estables y con más respeto que conozco) me imaginé que el motivo tenía que ser por alguna otra razón y me preocupó, pero en esta ocasión averiguarlo no tomó mucho tiempo.

"Me acabo de enterar de que el dueño de la casa no ha podido pagarla y que hace meses que no paga a pesar de que yo sí le he pagado puntualmente la renta. Con la epidemia de *foreclosures* que estamos viviendo en Estados Unidos, él tampoco ha sido la excepción".

¡Yo no podía creer lo que me estaba diciendo! ¡El hombre que le había alquilado la casa estaba a punto de perderla también!

"Llegaron de la corte a entregar los papeles, imagínate", me siguió contando. "Hablé con el dueño y me confirmó lo que estaba sucediendo pero, sin embargo, no me dijo nada cuando me rentó la casa. Dice que no me preocupe porque tiene todo con los abogados, pero ¿cómo no me voy a preocupar? Yo no soy una persona inestable. No puedo vivir así. Lucho con todas mis fuerzas para tener la seguridad de mi casa y no sirvo para estar rentando y cambiándome de lugar como si cambiara de ropa. Tú sabes lo que peleé y lo que sufrí por la casa que perdí por culpa de aquella mujer que hizo los fraudes. Mira todo lo que he invertido en esta casa sin importar que fuera alquilada, la arreglé así para sentir que era un hogar hasta que en unos años la crisis pase y pueda ahorrar un dinero para comprar otra casa... y ¿ahora qué? Me tengo que mudar de nuevo porque aunque el dueño diga que no pasa nada, yo no sirvo para vivir con estos cuentos".

¡En menos de siete meses el pobre estaba otra vez sin hogar! ¿Qué hacer para ayudarlo? Junto a mi amiga Ivonne Fiad, la experta en bienes raíces que me ayudó a meter en cintura mi casa, investigamos lo que había sucedido con la casa que él supuestamente había perdido. ¡Ivonne y yo encontramos que siete meses después la mujer que había cometido los fraudes todavía la tenía y que ilegalmente estaba tratando de hacer una "venta rápida"! Ivonne recomendó entonces que mi amigo hablara con la mujer y le dijera que como el título de la casa estaba a nombre de él, ambos se pusieran de acuerdo para que se renegociara un acuerdo de deuda con el banco, algo que durante la crisis de hipotecas de 2008 todos los bancos de los Estados Unidos hicieron para ayudar a los dueños de viviendas a no perderlas. Era algo sencillo que por supuesto él hizo de inmediato. Contactó a la mujer, contrató a un abogado de bienes raíces y con ayuda de la misma Ivonne comenzaron a negociar el retorno milagroso de la casa nuevamente a sus manos.

"¡No puedo creerlo!", me decía feliz. "¿Imaginas que pueda volver a esa casa en la que yo he puesto todos mis sueños? ¡Ay, Dios mío! ¡Qué felicidad! ¡Dios me escuchó!"

¡Yo también no cabía en mí de contenta! Sin embargo, aquella felicidad que era totalmente posible y real duró menos que un merengue a la salida del colegio. Ivonne Fiad me llamó a su oficina donde rápidamente nos reunimos los tres. Su cara usualmente risueña tenía, aquella tarde, una seriedad que no pronosticaba nada bueno.

"No puedo creer lo que ha pasado", nos dijo. "Contacté a la mujer que hizo la operación de la casa y hablé con ella y con su agente de bienes raíces porque ella no quería hablar nada sin él". Mirando a mi amigo siguió, "Les dije que tú, que eres el dueño legal de la propiedad, querías salvarla tal y como siempre lo intentaste. Para cualquier otra persona en las mismas circunstancias el hecho de que el antiguo dueño de una propiedad que se está perdiendo quiera salvarla lo haría inmensamente feliz y sin pensarlo un solo segundo aceptaría la ayuda para arreglar el problema de inmediato sin que se le dañe su crédito. ¡Pero este no es el caso de quien compró fraudulentamente tu casa! Esta persona, que tiene otras cuatro hipotecas vencidas y que no tiene un solo centavo para pagarlas, dice que no, que no quiere ningún arreglo y que va a vender la casa. Me ha metido una clase de cuentos, pero la verdad es sencilla: por alguna razón no va a hacerlo. Así que no tiene caso ni intentarlo ni gastar en el abogado porque de cualquier forma tú le pagarás para que te haga el trámite, pero la mujer un día te dice que lo hace y otro que cambió de opinión, y al final vas a terminar perdiendo hasta el dinero del abogado".

Escuchó a Ivonne desalentado y dijo: "¿Tú ves? Yo estaba de lo más ilusionado y de pronto, ¡zas! Por esa mujer que está equivocada en la vida, todo se derrumbó".

Más tarde, como buena periodista, me puse a investigar lo que realmente sucedía con la mujer y fue sencillo encontrar la respuesta. Así como hizo para comprar fraudulentamente cinco propiedades sin ingresos mayores a $10.000 anuales (que obtiene de su oficio de manicura) y viviendo en un Trailer Park —es decir falsificando información—, de la misma manera, acostumbrada a ganar dinero fácil sin ningún escrúpulo, se puso de acuerdo con alguien para vender las cinco propiedades y para que, por lo menos, le quedaran $2.000 de ganancia por cada casa que se fuera en venta rápida, sin importarle nada más, lo cual la dejaba con un total de $10.000 en ganancias, sin importarle el nombre, la reputación, ni el crédito de nadie.

Todo esto estaba claro, pero al mismo tiempo significaba dos cosas: una, que mi amigo estaba nuevamente sin esperanzas, y dos, que estaba peor que cuando comenzó.

"Tú no sabes la rabia y la impotencia que siento las veinticuatro horas del día", me dijo. "¡Esa casa era todo para mí!"

Yo ya no sabía ni qué más aconsejarle, sin embargo Ivonne, como siempre, tenía otro punto de vista: "Yo creo que él tiene que despegarse del amor que le tiene a la que fue su casa porque sólo le va a traer problemas. Tiene que dejarla ir, no pensar más en ella. Eso ya se acabó. Tú veras que saldrá algo nuevo y que va a ser mejor. Dentro de un tiempo él podrá juntar un dinero y comprar otra casa y comenzar de nuevo. Es cuestión de no perder la esperanza. Ahora no tiene nada más que hacer que buscar un lugar para alquilar porque en la casa que vive ahora no va a poder seguir. Tiene que dejar de aferrarse a esa casa, que a lo mejor no lo deja encontrar algo mejor. Tú veras".

La verdad que yo no era nada optimista y él no entendía nada de eso de dejar ir la casa de sus sueños. Por supuesto que era un sentimiento humano no entenderlo por las condiciones en las que todo se presentó.

"Yo sé que todo lo que dice Ivonne es cierto, pero vamos a ser reales", me dijo. "Con la economía como está, ¿cómo voy a juntar para una casa? Todo esto me ha dañado mucho, al igual que a millones en mi misma situación. Es muy fácil decir cosas, pero otra cosa es que materialmente suceda lo que uno desea. Está bien, me olvido de la que fue mi casa, y luego, ¿quién tiene dinero para prestarme para que yo compre otra casa? ¡Olvídate! Ni hablemos del tema que esto ya se fregó. Estoy harto y no quiero seguir pensando más en lo que pudo haber sido. Me cansé".

No te aferres a nada, que algo mejor te espera

Atravesando la peor parte de los cambios de mi vida en 2008, cuando me entraban dudas sobre mi futuro profesional, no hubo mejor frase que esta:

Muchas veces nos aferramos a algo contra viento y marea y esto no nos permite ver que lo mejor está por llegar.

Nunca tuve más claro el sentido de esta oración hasta un día, a finales de octubre del mismo 2008, y con motivo de la bendita casa de mi amigo. Habría apenas pasado una semana su pa'trás y pa'lante frustrante cuando Ivonne Fiad me llama muy entusiasmada.

"¡Creo que tengo la solución ideal!", me dice Ivonne. "Un amigo mío, inversionista privado, me acaba de ofrecer financiar unas cuantas propiedades porque sacó su dinero de la bolsa donde ganaba poco interés y quiere invertir a largo plazo un dinerito con personas que tengan el propósito de comprar una propiedad y mantenerla por muchos años. De esa forma se benefician ambos, tanto el que compre como mi inversionista que tendrá por su dinero una ganancia mejor que la que le puede dar cualquier banco. Las condiciones para comprar la casa son con menos dinero para el pago inicial, menos requisitos, en fin, ¡es lo ideal!"

Cuando se lo conté a mi amigo, nuevamente brincó de alegría porque ahora sí que estaba caminando en un terreno seguro ya que el inversionista de Ivonne Fiad era alguien serio. De inmediato salió a buscar propiedades hasta encontrar en cuestión de semanas la que hoy es su casa. Emocionado me llamó para que yo la viera. Nada más llegué al lugar, me quedé con la boca abierta. Era una casa encantadora, como a él siempre le han gustado, mucho más amplia que la que tenía, en uno de los mejores vecindarios de Miami, sin ningún problema a cuestas… ¡y costaba la mitad de lo que le hubiera costado recuperar la suya si hubiera podido! Lloré de alegría.

A partir de ese momento, volvió a ser una castañuela, pensando, planeando y haciendo cosas para convertir esa casa en su nuevo y pequeño palacio. Esa noche le di gracias a Dios. Se las di por muchas razones: por trabajar en forma misteriosa y por darle una oportunidad a una gran persona y en el momento en que él podía apreciarla y agradecerla más que nunca. ¡Bendito sea!

Pedí permiso a mi gran amigo y a Ivonne para contarte esta historia por la enseñanza tan profunda que encierra:

Siempre hay más cosas por delante que las que nos hicieron sufrir en el pasado.

Ivonne Fiad tenía toda la razón. Como bien dijo con respecto a toda esta historia: "Él se estaba aferrando a algo que le estaba impidiendo adelantar y lo que estaba escrito para él era una vivienda muchísimo mejor que la que tanto lo había hecho sufrir. Cuando decidió dejar ir la casa, es decir, cuando soltó aquella propiedad a la que se encontraba atado, de pronto le sucedió el milagro que tanto necesitaba".

Como diría Joel Osteen, el famoso predicador religioso norteamericano: el pasado no le permitía ver lo que Dios tenía deparado para él en el futuro. Así me ha pasado una y decenas de veces. Cuando más difícil me han resultado las cosas yo siempre he creído en los modernos milagros que suceden, por eso es que siempre pienso en que hay más cosas por delante que las que nos hicieron sufrir en el pasado.

Fui yo la que le hice ver esto y él que me escuchaba como niño chiquito.

"¿Recuerdas que me decías que habías escrito tu petición de metafísica, que habías hecho todo lo posible y nada había sucedido e igual seguías sin casa? Y que las cosas eran injustas porque después alquilaste la otra casa y el hombre también la estaba perdiendo y te parecía que todo estaba en contra tuya. También dijiste que los milagros existían para los demás menos para ti. La pregunta es, entonces, ¿cuándo cambiaron las cosas? ¡Cuando dejaste de quejarte porque nada había salido como tú lo habías pedido! Dios te estaba poniendo a prueba. Buscaste la solución a tu casa y no se te dio. Luego con la casa alquilada, ¿qué hubiera pasado si todo hubiese ido bien, sin problemas y te hubieras quedado ahí por años alquilándola y por consiguiente dando tu dinero a otro, sin pagar algo propio? Las cosas tenían que pasar de esa forma para que ahora aprecies más lo que tienes. Mira ahora... ¿viste que el milagro ocurrió en tu vida? ¿Acaso no es un milagro que prácticamente "de la nada" aparezca un hombre que tenga el dinero para invertir, que no te pida mucho dinero para comprar tu casa y que una persona como Ivonne sea el instrumento para que tú finalmente obtengas lo que tanto deseas? ¡Eso es un verdadero milagro! ¡Eso es un milagro moderno!"

Pídelo todo con mucha fe y sin hacerle daño a nadie

¿Cómo no creer en los milagros en base a esta historia? Mi amigo, sin decírselo a nadie, pidió siempre con mucha fe que Dios iluminara su camino y lo ayudara a tener nuevamente su casa propia, es decir, su sueño americano, y Dios, el Universo, la Providencia, como quieras llamarlo, lo escuchó porque lo hizo de la forma correcta. Lo que él necesitaba era algo que no dañaba a nadie y todo resultó aun mejor. Esto lo he aprendido también a través de Julio Bevione, quien dice que para tener las cosas, primero hay que dejarlas ir.

Moraleja

Si te encuentras en medio de una situación parecida y crees que la vida es injusta contigo, piensa únicamente en algo que es cierto:

Dios no nos da lo que nosotros queremos...
sino lo que Él sabe que nosotros necesitamos.

Ah, y lo último que siempre hago es que pido que todo sea bajo la gracia, de manera perfecta, y digo: "Gracias Padre, que ya me oíste. Que así sea".

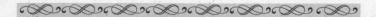

Para recordar…

- No te aferres a nada, que algo mejor te espera.
- Siempre hay más cosas por delante que las que nos hicieron sufrir en el pasado.
- Los milagros ocurren cuando tienen que suceder. Ni antes, ni después.
- Pídelo todo con mucha fe y sin hacerle daño a nadie.
- Dios no nos da lo que nosotros queremos… sino lo que Él sabe que nosotros necesitamos.
- Pide que todo sea bajo la gracia, de manera perfecta, diciendo: Gracias padre, que ya me oíste.

11

O tu dolor... o tú. ¡Decídelo!

*D*ifícilmente pasa una semana sin que yo vaya al cementerio a visitar la tumba de Fabio. Nunca imaginé que en ese sitio iba a encontrar un refugio al dolor inenarrable que me perseguía mañana, tarde y noche desde que él murió, pero allí ha ocurrido el milagro, especialmente desde que pude perdonarlo. Antes iba a recriminarle, pero con el tiempo increíblemente encontré una paz que me permitió hablarle y contarle mis aflicciones. Es más, como era muy incómodo estar allí en cuclillas porque no había una banca cerca, una tarde pensé en que podría hasta encontrar una sillita que fuera fácil de doblar y que ocupara un pequeño espacio para llevarla en mi auto sin que se notara. Poco después, buscando en Internet, encontré una maravilla que parece una sombrilla, pero que al abrirse es un pequeño asiento. Lo llamé "mi confesionario" porque me permite sentarme confortablemente y me puedo quedar un buen rato ahí hasta que me apetece irme.

Al escuchar mi terrible final con Fabio y todo lo demás, muchos me dicen: "¡No sé cómo le ha hecho usted para sobrevivir todo lo que pasó y seguir de pie! Yo no podría".

Y sin pensarlo les respondo: "¡Ni yo tampoco sé cómo lo he hecho, pero aquí estoy, así que sí se puede!".

La verdad es que sí sé cómo lo he hecho y es literalmente sencillo de explicar: ¡he podido ponerme de pie otra vez porque tengo mi propia receta para remontar los problemas! Decidí que entre el dolor y yo, lo que prefería era luchar por salir adelante y dejar aquel dolor atrás, y cuanto más rápido lo lograra, ¡mejor! Ahora, entre decirlo y ponerlo en práctica, ¡hay que pasar el Niágara en bicicleta!

¿Te fue infiel tu esposo o esposa? ¿Perdiste a un ser querido? ¿Te han traicionado? ¿Te robaron dinero? ¿Te divorciaste? ¿Te abandonaron? ¿Perdiste el empleo? ¿Haz vivido una situación traumática? Cualquiera de estas situaciones nos pone al borde de un colapso porque no estamos diseñados para sufrir y sufrir y seguir sufriendo. ¿Cuánto puede soportar el cuerpo sin sufrir un daño irreversible, es decir, una enfermedad? ¡Nadie lo sabe! Pero como mi propia experiencia con Fabio es la que me ha transformado, sin lugar a dudas creo que el cuerpo, tarde o temprano te pasa la factura por aquello que le has hecho callar y guardar sin que nadie más lo sepa que tú. O sea, le pones un alto a lo que te puede dañar o ¡te atienes a las consecuencias!

Cuando digo que Fabio es mi mejor experiencia sobre lo que el cuerpo te puede cobrar es porque pienso que si él se enfermó de cáncer fue porque sometió a su cuerpo a un nivel terrible de estrés al guardar el secreto de la doble vida que estaba llevando, lo cual lo consumió internamente sin que creyera que esto podría sucederle a cualquiera y mucho menos a él. ¿De qué otra forma explicar la súbita aparición de un cáncer terminal de riñón en etapa cuatro? De ninguna. Creo que esa fue la manifestación externa de la culpa y el remordimiento que guardó sólo para él, sin haber tenido fuerzas para liberar aquello que guardaba y que lo fue complicando en una maraña de la que no pudo salir.

Pienso que es la única forma de que un hombre sano, de cincuenta y dos años, que hacía deportes, que caminaba 5 y 7 millas casi a diario, que no fumaba, que no tomaba y que no tenía antecedente familiar de cáncer, haya contraído una enfermedad que lo dejó paralítico y que finalmente lo aniquiló en sólo siete meses y once días. No hay otra explicación para mí. Y eso me aterra.

Por la misma razón del inmenso dolor que su muerte me produjo y las circunstancias que viví, es que un día decidí hacer caso a psicólogos y amigos como Julio Bevione.

Julio me decía: "Si no paras el sufrimiento y las ganas de vivir el dolor tan intenso que tienes, entonces, y te estoy hablando seriamente, la próxima persona enferma puedes ser tú".

"¿Yoooo?", pregunté angustiada.

"Tú misma. El cuerpo transforma el dolor en enfermedad, así que tú decides".

No te aferres al dolor

Tienes que preguntarte cuánto tiempo quieres seguir viviendo con la depresión y el dolor a tu lado las veinticuatro horas de cada uno de tus días y noches. Si tu respuesta es un mes, dos o ¡ni un día más!, tienes que comenzar a trabajar duro ahora mismo. No es una tarea fácil, todo lo contrario, pero sí se puede lograr. Yo soy prueba de esto. Empieza siguiendo los siguientes pasos:

1. **Ejercítate:** Comienza a hacer ejercicio, sea en tu casa, en el gimnasio, con caminatas afuera, lo que sea. Los médicos dicen que el ejercicio te hace oxigenar más tus pulmones y por consiguiente el cerebro comienza a tener más claridad. Así que intenta por lo menos veinte minutos al día, cinco o seis veces por semana... algo tan simple como una caminata diaria te ayudará a cumplir este requisito esencial para tu salud mental y física.

2. **Habla:** Sea cual fuera lo ocurrido en tu vida, si te quedas con el dolor adentro, nada va a cambiar. Necesitas sacarlo para afuera, hablarlo, masticarlo, escupirlo. ¿No hay dinero para un sicólogo o siquiatra? Habla con un consejero de los centros de asistencia de cada comunidad o en tu iglesia. Hablar con un sicólogo, consejero, sacerdote, pastor o alguien de fe, sea cual fuere la

denominación, es un camino seguro a la sanidad de tu alma.

3. **Pide ayuda:** No tengas miedo de pedir ayuda. ¿Necesitas un médico? Recuerda que la depresión profunda es una enfermedad que puede desembocar en fatalidades y que debe tratarse con medicinas. Si ese es tu caso no temas en pedir auxilio, nos puede pasar a todos.

4. **No le temas a los métodos alternativos:** El único temor que debe persistir en ti es que nunca más vuelvas a ser feliz, a reír, a gozar de la vida. En los peores momentos de tristeza siempre conté con amigos que me sugerían métodos nuevos para lidiar con el dolor. Créeme que seguí todo aquello que me produjo una sensación de paz y relajación. Experimenta con lo que creas te puede llegar a ayudar, como la reflexología, el yoga, el Reiki y todas esas ciencias que ayudan a tu alma a salir de problemas. Piensa siempre que tiene que ser algo que eleve tu espíritu para que te ayude a salir del abismo.

5. **Rescata tu alma:** Comienza a visualizarte como alguien sano, feliz, quizá como eras antes del sufrimiento vivido. Pídele a Dios, o en quien tú creas, que te ayude a rescatar tu cuerpo y tu alma de la tristeza. Pídelo con fuerza y como dice el evangelio de San Mateo: "Pide y se te dará. Busca y encontrarás. Toca y se abrirán las puertas ante ti".

Pídele entonces que puedas volver a vivir la vida en paz y sin tristeza. Esa era mi plegaria cada nuevo amanecer: "Dios mío, permíteme volver a sentir que estoy viva, permíteme volver a reír". Y un día, semanas después de pedirlo con todo mi corazón, lo que tanto rogaba se me concedió.

6. **Rodéate de buenos amigos que te comprendan:** En este periodo es muy importante que únicamente te rodees de amistades que entiendan profundamente el nivel de dolor que vives, deshecha a los que no saben comprender la etapa por la que atraviesas y te quieren apurar al son de "Ya, deja de estar sufriendo". Las cosas ni son así ni son tan fáciles, así que descártalos por ahora. Nunca olvidaré la forma en que salieron a mi rescate quienes se dieron cuenta del infierno aquel que yo estaba viviendo. Mi amiga Verónica del Castillo hizo en aquellos momentos tan amargos lo que sabe hacer tan bien. Por lo menos durante un par de semanas llegaba cada noche a mi casa a rezar conmigo y a hacerme reiki, esa técnica japonesa que intenta balancear la energía que tenemos a través de curaciones con las manos y que controla el estrés entre otras cosas. Otro gran amigo, Julio Bevione, por su parte llegaba a meditar y sobre todo a hacer que mi cerebro comenzara a funcionar racionalizando el dolor y la ausencia de mi esposo. Y mi querida Chata Tubilla allá en Coatzacoalcos

de inmediato me buscó la ayuda de Tere Morales, experta en reflexología, quien decía que mi cuerpo no tenía más que pequeños rastros de energía y que con su sabiduría comenzó a ayudarme a recuperar las fuerzas.

Amigos como estos ayudan a que dejes el gran dolor atrás. Tienes que estar rodeada de seres bondadosos que sin importar la hora que sea ni el esfuerzo sobrehumano que se requiera, estarán ahí para sacarte de ese barranco donde caíste.

7. **Perdona:** Trabaja con tu espíritu para perdonar el mal que te han hecho. No puedes comenzar tu verdadero proceso de sanación mientras odies, tengas rencor, rabia, celos o deseos de venganza. De acuerdo a tus creencias debes PER-DO-NAR. Ningún proceso comienza si no lo has logrado. Es difícil, pero no te engañes, se puede hacer.

Sufrir... ¿hasta cuándo?

Eso lo decides tú. Tienes que decidir principalmente que el dolor no puede seguir gobernando tu vida y, aunque no lo creas, tienes que planear cuánto tiempo tú vas a permitir que ese dolor dañe tu vida. Pero para verdaderamente lograr superar el dolor, lo primero que debes hacer es realizar un profundo examen de conciencia.

Conozco gente que ha preferido continuar en el papel de víctima porque han hecho de eso su forma de vivir. Así llaman la atención y así les gusta que los reconozcan. Viven eternamente enfermas de cualquier cosa, pero enfermas. Les encanta atraer la compasión y la misericordia y siempre dicen: "Si esto no me hubiera sucedido, yo sería tan feliz". No les importa atormentar a su familia ni a quien los rodea y en realidad son una pesadilla porque al son del dolor y de lo que sufrieron deciden que el mundo gira a su alrededor.

Ahora, ¿y si tu caso es como el mío y decidiste que no puedes seguir siendo una víctima más porque ese papel no te gusta en tu telenovela? Pues entonces, ¡pon manos a la obra sin excusa ni pretexto! Y revisa los siete puntos que anteriormente te menciono.

¿Y si estás así porque te abandonaron sentimentalmente? Entonces razona si esa persona que te dejó merece tus días y noches llorando. No te voy a decir que sea fácil perdonar y olvidar, pero es más difícil hacerlo cuando estás sufriendo y conmiserándote las veinticuatro horas del día.

El tiempo es tu mejor aliado

Ya sé, ya sé, yo siento lo mismo. Cuando alguien me dice que el tiempo lo cura todo, ¡me dan ganas de meterle una papa en la boca para que se calle! En esas condiciones es una tortura pensar en el tiempo, pero desgraciadamente es cierto y el tiempo tiene que pasar para sanar tus heridas. Entonces, si ya decidiste perdonar y olvidar, ahora te toca echarle ganas para lograrlo. Para hacer que el tiempo transcurra lo más rápido posible, toma en cuenta estos tres consejos:

1. Deja de pensar en el pasado, de hablar de lo que pasó porque con eso sólo estás reviviendo el dolor y no borrándolo.

2. Acostúmbrate a descartar esos recuerdos. Si todo el día haz estado recordando a esa persona o las situaciones que te provocó, nunca vas a lograr olvidarlas. Entonces, injerta en tu cerebro la costumbre de hacer todo lo contrario. Deshecha los pensamientos que te hagan volver a lo mismo.

3. Deja de llorar, ¡por favor! Ya no llores por lo que no puedes tener ni te lastimes o culpes por no hacerlo. Es tanta la costumbre de estar llorando ante un gran sufrimiento que si no lo hacemos sentimos que nos hace falta algo para vivir. Llorar al principio es sano y ayuda a sacar todo para afuera, pero una vez que estás listo para desechar ese dolor, debes fortalecerte y dejar de llorar.

Para terminar este capítulo te voy a recomendar algo que siempre me reconfortó en los peores momentos y me ayudó a salir de todo lo malo: lee la oración de Santa Teresa de Ávila, que sin importar la denominación religiosa que profeses siempre que la repitas te traerá calma. Puedes usarla como mantra o motto para repetirla a cualquier hora y en cualquier lugar siempre que necesites tener paz:

Nada te turbe; nada te espante; todo se pasa; Dios no se muda, la paciencia todo lo alcanza. Quien a Dios tiene, nada le falta. Sólo Dios basta.

Para recordar...

- Sí, se puede sobrevivir cualquier dolor, sólo hay que ponerle ganas y salir adelante.
- Si te quedas con el dolor, este nunca te va a abandonar.
- Sigue los siete pasos esenciales para descartar el dolor: haz ejercicio, habla, pide ayuda, no temas probar métodos alternativos para sanar tu cuerpo y mente, rescata tu alma, rodéate de buenos amigos que te comprendan y perdona a los que causaron tu sufrimiento, incluyéndote a ti mismo.
- Deja de llorar, victimizarte, lastimarte o culparte.
- Descubre tu "mantra", es decir, tu oración favorita, y repítela todas las veces necesarias para calmar y desechar tu dolor de una vez por todas.

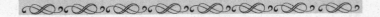

Segunda parte

Porque puedo

12

¿Cambio o no cambio
de empleo?
(o si te despiden)

Quienes me vieron aquella mañana en el elegante restaurante del Hotel Biltmore de Miami desayunando con otra persona, a ratos riendo, a ratos hablando, a ratos comiendo, pero disfrutando en paz, ¡nunca imaginaron que en ese momento estaba terminando mi relación laboral de tres años con la cadena Telemundo! Lo que bien comienza, bien tiene que terminar, y así fue con Telemundo. Ellos tuvieron el gesto de iniciar con gran clase la relación conmigo en el año 2005, presentándome con pompa y circunstancia ante los grandes ejecutivos de la cadena NBC, haciendo una gran conferencia de prensa en Los

Ángeles para anunciar mi contratación, llevándome a Nueva
York al *Today Show* o invitándome a participar del mismísimo
desfile de Thanksgiving de Macy's en el corazón de Manhattan.
Y participar puedo decir que de la misma forma, con gran clase
y delicadeza, ambos logramos cerrar el capítulo en el otoño de
2008.

Si tomar decisiones en la vida requiere de todo el valor del
ser humano, con toda la razón los sicólogos y siquiatras dicen
que una de ellas es ¡cambiar de empleo! Y no es menos cierto
que los médicos afirman que el cambiar de trabajo produce un
estrés capaz de originar infartos al corazón y decenas de enfermedades más. Si tú estás en ese proceso que lo deja a uno sin
dormir durante noches y días, semanas y hasta meses, padeces
de ansiedad y angustia por lo mismo, entonces en este capítulo
encontrarás aquello que puede traer paz a tu alma, o por lo
menos podrás decir "si a ella le pasó y ahora no sólo está bien,
sino que le va mejor, entonces a mí también me va a ir así".

Acuérdate de que todo depende de ti y de la forma en la
que hagas las cosas. El desayuno del que hablo al comenzar este
capítulo era con Alexandra McCauley, vicepresidenta de Recursos Humanos de la cadena Telemundo. Era el encuentro
para determinar todos los detalles de mi salida final de la empresa. Si bien mi agente Raúl Mateu había trabajado ardua-
mente durante meses junto a los ejecutivos de Telemundo, la
llamada de Alex McCauley para reunirnos fue el broche de oro.
Sólo ella y yo, sin nadie más alrededor, podríamos platicar y finalmente despedirnos como compañeras que fuimos durante
un buen tiempo. Fue una reunión que siempre atesoraré entre

mis más calidos recuerdos por la condición de gran dama de Alex, que accedió sin regateos baratos a mis peticiones, sabiendo y conociéndome, porque vivimos situaciones especiales, que yo no le iba a pedir nada que no me perteneciera, por tanto no hubo problema.

Como no me gustan las despedidas, con gran tacto ella hizo los arreglos para encargarse de los objetos personales en mi oficina y así no tuve que pasar por el triste momento de decir adiós a nadie. Personalmente, todas estas cortesías a través de un departamento de Recursos Humanos me eran totalmente nuevas ya que crecí profesionalmente en dos cadenas de televisión donde si ese departamento existe, nunca hubo necesidad de utilizarlo para nada. Pero los tiempos han cambiado y, aunque por situaciones que me tocó vivir en el show creo que en ocasiones hay empleados que abusan de la protección que otorga esta oficina, en circunstancias como la mía la intervención por parte del departamento de Recursos Humanos ayudó a suavizar una partida que de otra manera generalmente crea fricciones y deja mucho que desear. Por suerte no fue así en mi caso.

¿Cambio o no cambio de empleo?

Así, en tres años, por circunstancias totalmente diferentes, tuve que pasar por el desgastante proceso de decidir cambiar de empleo en dos ocasiones consecutivas. La segunda más grave que la primera.

En octubre de 2007 faltaban diez meses para el fin de mi contrato cuando Raúl Mateu notificó a Telemundo que al terminar éste me marcharía del programa de entretenimiento y regresaría a las noticias. ¿Qué me llevó a semejante decisión? Lo mismo que debes tener en cuenta si piensas hacer lo mismo.

Primero, hice un profundo examen de conciencia y, segundo, comprendí que las condiciones con las que inicié el empleo ya no existían o se habían modificado. En mi caso la razón que me impulsó a este cambio fue el simple y doloroso hecho de que ya no existía lo que yo necesitaba.

Cuando decidí que el tiempo de Univisión se había terminado no fue porque no tuviera ni trabajo ni oportunidades, ¡nada más erróneo! Todo lo contrario, yo tenía un empleo estable en el noticiero del fin de semana, pero a la par tenía a un esposo que reclamaba atención y con razón, ya que tenía más de once años sin esposa los fines de semana. Con los hijos mayores viviendo sus propias vidas y por tanto fuera de la casa, quedábamos él y yo para disfrutar de una nueva etapa, pero eso nunca pudo ser porque yo siempre estaba trabajando sábados y domingos, y él por su parte se acostumbró a andar también siempre solo. Entonces, cuando en julio de 2005 llegó el fin del último periodo para renovar o terminar mi contrato, con todo el dolor de mi corazón tuve que decidir que si el trabajo seguía siendo durante los fines de semana más los tres días siguientes —que generalmente se prolongaban a los cinco de la semana— entonces no podría seguir haciéndolo porque Fabio me necesitaba. Ya no quería seguir dejándolo abandonado tanto tiempo.

Y así lo hice… aunque el destino iba a jugar con nosotros y nunca entenderé por qué si él estaba viviendo una doble vida y, eventualmente, me pudo haber abandonado, en lugar de dejarme continuar feliz en el sitio donde había trabajado durante casi diecinueve años continuó con su presión para que escogiera entre mi vida personal y mi trabajo. Por esto fue que mi amadísima Univisión, con todos mis compañeros que eran mi familia, tuvo que quedar atrás.

No pasé prácticamente ni un día sin empleo ya que de inmediato Telemundo me hizo la oferta que se acomodaba perfectamente a mis necesidades del momento: ¡un programa de lunes a viernes, además, trabajando de cuatro de la mañana a doce del día! ¿Qué más podía pedir? ¡Absolutamente nada!

Fabio estaba feliz mientras que yo tenía sentimientos mezclados de alegría y tristeza porque diecinueve años no se borran de golpe y porrazo. Pero esas son las decisiones que nos tocan a todos en la vida: se toman y se sigue adelante.

Quiero aclarar, para los que están mal informados, que nunca medió para no seguir en Univisión que yo quisiera tener un programa con mi nombre. ¡Nunca! Eso es algo que inventaron los malintencionados. Si esa era mi meta, entonces hubiera intentado en Telemundo tener un programa así en el área de noticias. Tomé lo que hubo y que cubría, como digo anteriormente, mis necesidades. De esa forma podría tener el tiempo suficiente para estar en casa cuando Fabio llegara de trabajar, irnos al cine o a cenar y sobre todo para compartir los sábados y domingos con él.

Pero luego, con las vueltas de la vida, sólo tuvimos nuestro deseadísimo tiempo por cuatro meses. Después de eso el destino se encargó de jugar con nosotros y es más que sabida la historia, como lo expliqué en detalle en *Dijiste que me querías*. Finalmente, luego de siete meses y once días, mi esposo murió, y con él terminaba la razón más importante que me alejó del gran amor de mi vida que es el periodismo, lo cual al final me llevó a mi próximo cambio.

Sea cual fuere la conclusión de la historia, el hecho es que en ese momento sentí que necesitaba hacer el cambio, y luego tuve otras razones, y por eso lo hice. Por lo que te digo que si sientes que es hora y que ya tu empleo no es lo que era antes, o no se adapta a tus nuevas necesidades de vida, no tengas miedo de dar el salto y tomar las medidas necesarias para buscar algo nuevo y mejor para ti.

El gran examen de conciencia

Antes de tomar la decisión de cambiar de empleo, el primer y gran paso a dar es un profundo examen de conciencia.

En mi caso esto significaba mover nuevamente lo que había sido siempre mi gran estabilidad... mi trabajo. ¿Por qué? Bueno, porque durante treinta y cuatro años me jacté de tener la relación más estable con solo una cosa: mi empleo. La prueba eran los doce años en Televisa, los casi diecinueve en Univisión y los restantes en Telemundo. Lo cierto es que nada me preparó para vivir los cuestionamientos y las consecuencias de la gran decisión. Y ahora, ¿qué hago? ¿Vivo feliz así? ¿A dónde voy?

Todas las respuestas me enfrentaron conmigo misma, como te sucederá a ti si te llegase el momento. Sabía que no estaba feliz, que mi vida eran las noticias y que el rumbo tendría que ser volver a reinventarme de cualquier manera. Ya tenía disponible todo el tiempo del mundo para trabajar siete días a la semana y para viajar la semana entera, si eso era necesario, sin que nadie me presionara por hacerlo. Entonces, ¿por qué seguirme sintiendo disgustada conmigo misma?

Es como estar embarazada. Lo estás porque vas a tener un hijo o no lo estás. No existe estar *medio* embarazada. Así fue que cuando hablé con mi agente y le dije que tenía algo importantísimo que comunicarle, sin extrañarse, con esa calma con la que vino equipado cuando nació Raúl Mateu me dijo:

"Nada, MAC, que yo lo imaginaba. Pero lo que viene no es sencillo y tienes que estar muy consciente de eso. Es un camino cuesta arriba, pero tienes todas las opciones abiertas. Las mejores van a tomar tiempo y mucho esfuerzo, pero valen la pena, a fin de cuentas eres la reina de la reinvención, así que manos a la obra que mañana mismo hablo con Telemundo y con casi un año de anticipación les informo nuestra decisión de no renegociar el contrato y que saldrás del programa cuando termine tu contrato o cuando ellos lo decidan".

Raúl entendió perfectamente el punto clave que yo tenía para iniciar una nueva vida de trabajo sin importar que tuviera cincuenta y cinco años de edad entre otras cosas.

Le dije a Raúl: "En este tiempo he aprendido mucho, quizá lo que más me ha transformado es una gran verdad: nada, ni nadie, ni por odio, ni por infamia, ni con mentiras, puede qui-

tarme mi definición. No lo voy a permitir Raúl. Así que si nuevamente tengo que darme de patadas con el sol, ¡pues lo hago y
se acabó! Pero dejarle mi definición y mi dignidad, ¡a nadie!"

Piensa y toma conciencia de lo que verdaderamente quieres
y lo que sigue debe ser producto de una decisión profundamente meditada con los pros y los contras de cada posibilidad.
No hay nada peor que ir diariamente a trabajar en algo que no
te hace feliz. En mi caso, el primer paso estaba dado. A continuación te cuento los pasos, sin importar el trabajo que hagas,
para cambiar de empleo e irte en buenos términos.

¿Cómo comunico mi deseo de partir hacia otros horizontes?

¿Ya tomaste la decisión? Bien, ahora es el momento de comu-
nicársela a tu empleador. Habla con la verdad, no mientas
ni utilices nada de lo que tengas en tu futuro para negociar
como si fuera un mercado. Si lo que quieres es desarrollarte
en otro campo, habla con tu jefe y explícaselo. Ponle la opción
de retenerte y de tener una oportunidad en otra área de la empresa. Si te dicen que esto no es posible, y únicamente cuando
te digan que no es posible y que tampoco es posible mejorar
tus condiciones de trabajo, ni tu sueldo, entonces comunícales
lo que has decidido y aun más importante, dales tiempo, el
que ellos necesiten, para reemplazarte y así poder marcharte
en sana paz.

¿Y qué pasa si no me voy, sino que me despiden?

Aquí las variantes son dos y totalmente opuestas: un empleado puede ser despedido porque ha cometido alguna falta en contra de la empresa o por recortes económicos.

Esta es una de las situaciones más dolorosas, donde el trabajador sufre emocionalmente y financieramente. El daño moral es más grande mientras menos se imagina que el despido podría ocurrirle a él o ella. Usualmente en estas condiciones las empresas se comportan, dentro de sus posibilidades, en forma generosa. Hay quienes dan hasta tres meses de salario y un año de seguro médico, pero eso varía de acuerdo a la situación financiera de cada empresa. Investiga si hay ayuda sicológica disponible. Habla lo que sientes con tus amigos más cercanos y no te calles ese sentimiento de rechazo y de fallo que acompaña siempre a un despido por recortes económicos o porque el trabajo se terminó.

Busca ayuda profesional para entender que eso no tiene que ver contigo o, si tiene que ver con tu rendimiento, para entender cómo puedes mejorar y no repetir los mismos errores en tu próximo empleo. Es algo muy doloroso, pero recuerda lo más importante y de lo que he hablado en otro capítulo, ¡no hay mal que por bien no venga!

Lo vi con extraordinarios compañeros de *Cada Día* que se quedaron sin empleo al terminarse el show. Compartí su angustia con ellos y en la medida de mis posibilidades con algunos pude ayudar a encontrarles otro trabajo. Siempre hice algo por aquellos que fueron mi apoyo y siempre supieron que mi teléfono, mi casa y mi corazón estuvieron abiertos para escucharlos a la hora que fuera. TODOS, absolutamente TODOS hoy tienen un mejor empleo que el que tenían. Son más felices y han avanzado en posiciones que, si se hubieran aferrado a lo que creían era su única opción, sólo los hubiera atrasado y no hubieran podido ver que ¡lo mejor todavía estaba por llegar!

Si piensas así, así mismo te va a suceder.

¿Qué derechos tengo?

Si tu caso es como el mío (y el de millones más) y haz guardado durante años los manuales que te entrega tu jefe o empleador con todas las explicaciones sobre el trabajo Y NUNCA LOS HAS LEIDO, es más, ni siquiera sabes donde los tienes, entonces ¡ES MOMENTO DE BUSCARLOS Y PONERTE A ES-TU-DIAR-LOS! Hazlo rápidamente y al pie de la letra. Sólo así podrás tener una idea clara de los derechos que has ganado con tu esfuerzo.

El seguro médico y el COBRA

Al dejar un empleo las frases que más aterrorizan son dos: "seguro médico" y "COBRA". ¿Por qué? Sencillo. De ellas depende un punto muy importante para el trabajador: el cuidado de su salud y el de su familia. No tener seguro médico es una pesadilla. ¿Qué pasa si me enfermo y no estoy cubierto porque se me terminó el trabajo? Por ley el empleador tiene que ofrecerte la oportunidad de continuar el seguro médico (a costo tuyo) durante un período después del término del empleo, y para eso existe el seguro médico extendido o COBRA, por sus siglas en inglés.

Debes tener la certeza de que se pida un mes antes de dejar de trabajar. De esta forma, cuando se termine el empleo, no verás interrumpido el seguro médico. Hacer esto es más que vital para un trabajador. COBRA es el requisito para que al término del mismo (generalmente dura entre doce y dieciocho meses) puedas tener otro seguro médico. Mientras estés protegido por COBRA te va a costar a ti lo que le costó a tu empleador. Luego del tiempo requerido, COBRA se termina en cuanto otro seguro médico te tome, ya sea que tú lo consigas por una póliza particular o que tu siguiente empleador lo haga. Bajo el seguro médico temporal hay limitaciones. Llama e infórmate con tus médicos, que sólo ellos pueden darte los datos correctos, ya que ellos continuaran atendiéndote.

¿Qué quiere decir COBRA?

Por si te sucede como a mí que no sabía ni qué significaba COBRA, aquí tienes la respuesta.

COBRA fue creado en 1986 por el congreso de los Estados Unidos para proteger al trabajador que por alguna razón pierde su trabajo. Entra en efecto de inmediato y el lapso del mismo puede durar hasta dieciocho meses. COBRA en inglés significa Consolidated Omnibus Budget Reconciliation Act. Esto es por si te hace falta saberlo. A mí por lo menos me mataba la duda.

Tener un comportamiento profesional hasta el final

Hay empresas que tienen políticas muy severas cuando un empleado es despedido o se va. Es difícil no tomarlo de manera personal cuando, por ejemplo, se le pide al empleado que abandone el lugar acompañado de un guardia de seguridad y se le entrega una caja para que ponga sus pertenencias ahí y para que con ellas salga de inmediato. Esto, repito, depende de cada empresa. De tu parte si te estas marchando, no hagas cosas que no sean políticamente correctas. Sé de empleados a quienes no les permitieron utilizar el correo electrónico de la compañía para que no pudieran informar a sus compañeros de trabajo que los habían botado. Esas personas tomaron el teléfono y con la bocina abierta les dijeron a todos lo que acababa de sucederles. Es mejor no hacer eso y que tus compañeros te re-cuerden con una gran dignidad, y así, por tu parte, no haya chismes de los cuales te puedas arrepentir más adelante en tu vida profesional.

Blanca Telleria, reconocida especialista en relaciones públicas, tiene una regla de oro para lidiar con los ex compañeros: "Generalmente los que en realidad no te aprecian son los que te van a dar consejos locos, cargados de sus propias frustraciones que no son capaces de realizar. Muchos te dicen haz esto, di lo otro, en fin, la verdad es que quienes te aconsejan cosas SIGUEN EN SU TRABAJO ¡mientras tú eres quien se va a la calle! Así que no hagas caso de los valientes que no son capaces de hacer ellos mismos lo que están aconsejando, y actúa civilizadamente".

Blanca tiene razón. No hay que dejarse utilizar por nadie.

No pidas a ningún compañero que envíe por ti una carta de despedida por el correo electrónico de la compañía. Si quieres hacerlo, entonces utiliza tu correo personal. También no olvides que si alguien quiere saber de ti, seguramente se comunicará contigo. Si tus compañeros quieren despedirse de ti, también seguramente organizarán una comida para decirte adiós. Así que recuerda que las cosas siempre tienen que tener el mejor final posible: tú escoges irte con clase o sin ella.

¿Qué me puedo llevar?

De principio, tal y como lo dictan las reglas de honestidad: no debes llevarte nada que no te pertenezca. En el mismo desayuno con Alex McCauley y, sin que me lo hubieran pedido, yo le tenía preparado un sobre que le entregué con mi identificación de la empresa y la tarjeta de crédito que me dieron para pagar los gastos de viajes. Esta es una regla de oro: no tomes ninguna propiedad de la empresa, devuelve las tarjetas de crédito e identificaciones y deja las cuentas aclaradas. Así mismo y a tu favor asegúrate de que tu ex empleador esté dispuesto a dar referencias de tu persona. Nunca olvides que estas buenas referencias dependen de tu conducta.

Los beneficios que te corresponden

Al terminar de trabajar en una empresa es muy importante sacar la cuenta de los días compensatorios y de vacaciones que te deben porque los has trabajado. Los *comp days* o días compensatorios en la mayoría de las ocasiones no son pagados si se termina tu empleo, por tanto los pierdes, por eso es tan importante tomarlos. Sin embargo, las vacaciones son un dinero que equivale a la paga completa. Es importante que esa cuenta sea clara y que tanto tu supervisor como tu jefe inmediato estén al día en cuanto a esta deuda hacia ti, porque eso significará un dinero extra que te ayudará para sobrevivir.

Cuando te hablaba del manual de empleo de tu compañía, te decía que debes leerlo cuidadosamente al quedarte cesante porque ahí se encuentran explicadas muchas cuestiones de dinero que ni siquiera te puedes imaginar, como el dinero de la pensión, el seguro de vida, los cuidados especiales en caso de enfermedades graves como cáncer, el seguro por incapacidad, y únicamente leyéndolo podrás conocer tus opciones o bien para retirar lo tuyo si es el caso, como en las pensiones, o seguir pagándolo como sucede con los seguros de cuidados especiales y a largo plazo. Recuerda que estos son beneficios que has ganado y que te servirán más adelante.

No dejes de cobrar el seguro de desempleo (*unemployment*)

Muchos tienen vergüenza de cobrar este seguro que les pertenece ¡y no hay nada más equivocado! Se puede hacer por Internet o en persona. Es un derecho que se ha ganado el trabajador que mientras está activo coopera con una cuota, es decir, nadie se lo está regalando y para obtenerlo sólo hay que hacer una solicitud.

La tecnología ha cooperado ampliamente en eliminar la forma antiquísima de ir en persona y hacer largas colas. Ahora el proceso puede hacerse por Internet en un trámite que puede demorar un par de horas y donde se requiere tener a mano varios documentos vitales como el último recibo de pago, el número de seguro social, la licencia de manejar y las razones del desempleo. ¿Durante cuánto tiempo puedes recibir este beneficio? El periodo de pago varía de estado a estado. Ocasionalmente el solicitante se debe presentar en la oficina de desempleo y reportar los esfuerzos que está haciendo para encontrar un trabajo. También se requiere que semanalmente se llene una formulario donde consta la búsqueda de trabajo y los sitios, teléfonos y contactos con quienes usted ha hablado. Por lo demás, el cheque te llega y estás en todo tu derecho de recibirlo.

Nunca cierres ninguna puerta

Por más mal que te haya ido con un empleador, nunca sabes cuándo puedes necesitarlo otra vez o cuándo un ex jefe tuyo puede volver a serlo en otra compañía, por lo que nunca debes cerrar ninguna puerta ni quedar mal con tu ex empleador al irte de un trabajo.

No hablar mal de jefes, de compañeros y del trabajo mismo es clave. Esta es una verdad tan grande como una catedral y que comparto totalmente con quien la dice, Vanessa Rico, mi asistente. Y ya, como colofón, pon mucha atención a lo siguiente:

Recuerda que finalmente eres tú y solo tú quien decide poner punto final a una historia, por tanto, como te recuerden sólo dependerá de ti y de nadie más.

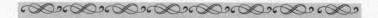

Para recordar…

- Cambiar de empleo requiere de un profundo examen de conciencia que responda por lo menos tres preguntas: ¿Hacia dónde voy? ¿Soy feliz haciendo este trabajo? ¿Qué voy a hacer?

- Revisa el manual de empleo para conocer todos tus derechos antes de partir.

- Si te despiden porque has cometido faltas en contra de la empresa no esperes ningún beneficio económico. Tu empleador puede hacerlo en el momento en que lo considere conveniente.

- Si te despiden por recortes o porque se acabó el trabajo, debes enfrentar el sentimiento de rechazo entendiendo que no fue una decisión basada en ti, sino en las circunstancias financieras de tu empleador.

- Pregunta por tus beneficios de 401k, jubilación, COBRA (seguro médico de transición), desempleo y obtén una carta de recomendación.

- No te lleves lo que no te pertenece.

- Siempre, al partir de un trabajo, deja las puertas abiertas y mantén esas relaciones, que luego te pueden servir en el futuro.

13

Piérdele el miedo a la crisis laboral

El 1 de septiembre de 2008 es otra de las fechas grabadas para siempre en mi calendario personal. Ese fue el día en que amanecí por primera vez en mi vida, tal y como lo había planeado diez meses antes junto a mi agente y amigo Raúl Mateu, como única dueña de mi futuro profesional. Ya te conté toda esa historia en el capítulo anterior. Sin embargo, nada de lo que yo decidiera y planeara con tiempo me quitó de vivir la misma sensación que tiene cualquier persona que deja de recibir un cheque por su trabajo puntualmente cada dos semanas, cuánto y más si como en mi caso ¡eso nunca había sucedido en treinta y cinco años! Pero la diferencia fue que se trataba de un acto profundamente estudiado, basado en una premisa para mí sagrada:

Nada ni nadie puede quitarme mi definición.

Con meses de anticipación me había preparado para el momento, y lo hice con todo, desde lo más sencillo hasta lo más complicado. Así, a partir de ese 1 de septiembre, en lugar de la tarjeta de presentación con el logotipo de una de las grandes cadenas de televisión donde siempre había trabajado, comencé a usar una sin más que mi nombre, teléfono y correo electrónico. Era suficiente para representar a la mujer que va por la vida armada con la seguridad de la calidad de su trabajo. A partir de ese día comencé también la etapa en donde he aprendido a vencer el miedo al rechazo, a que me cierren puertas, a ser una trabajadora *freelance*. No ha sido fácil el aprendizaje porque en ninguna parte te enseñan eso. Sin embargo, este capítulo te puede dar una idea de cómo construir tu propia libertad y, a fin de cuentas, cómo adaptarte a lo que puede ser el futuro laboral, que nunca ha sido más claro: cada día son menos los jefes o empleadores que con la crisis pueden seguir sosteniendo un paternalismo laboral, y cada día son más las empresas que prefieren contratar empleados freelance que les traigan ideas frescas, entusiasmo y buenos proyectos. ¡Ese puede ser tu lugar para triunfar!

Ahora es el momento de trabajar por tu cuenta, ¡aprovéchalo!

Con Anjanette Delgado me unen todo tipo de historias. Es dueña de una inteligencia innata tan grande, que cada vez que trabajas con ella, siempre te deja boquiabierta. Piensa rápido, va directa a lo que quiere aportar para mejorar cada proyecto, busca lo que el público quiere ver y siempre tiene el enfoque positivo donde otros ven lo negativo, además, sabe torear la suerte. Nunca olvidaré el día que, siendo ella la productora del *Noticiero Univisión: Fin de Semana* y yo la presentadora, ocurrió el bombazo en el Parque Centenario durante las Olimpiadas de Atlanta. La redacción hervía en movimientos para cubrir desde todo ángulo la noticia. De pronto, por la puerta aparece Anjanette que había estado descansando: en la mano traía unas grabaciones con imágenes inéditas de lo que había sucedido. Resulta que se había ido a Atlanta a trabajar freelance en su tiempo libre ¡y le había tocado estar ahí en el momento en que ocurrió la explosión! Ni qué decir que tuvimos las mejores imágenes gracias a ella. Por todas estas cosas, me dejó desconcertada el día en que me anunció que se marchaba de Univisión para iniciar una vida como productora freelance.

"¿Acaso te has vuelto loca?", recuerdo haberle preguntado. "¿Qué vas a hacer sin esto?"

"Nunca he estado más segura de lo que quiero hacer", me respondió. "He decidido que tengo que vencer miedos y que tengo muchas cosas que ofrecer en este campo de la comunicación y, por tanto, puedo hacerlo disponiendo yo misma de mi tiempo. Tengo los años necesarios para poder hacer lo que siempre he querido: aprender de mí misma, de lo que soy capaz de hacer, sin el abrazo de una compañía, sin la estructura que esta me ofrece, y no sólo la estructura, tengo que aprender por mí misma a triunfar sin tener la seguridad de un salario fijo".

¡Nunca la vi más feliz y más segura de sí misma como a

partir de esa gran decisión que tomó cuando económicamente su panorama no era del todo abundante! Poco tiempo después estaba envuelta en mil y un proyectos que vendió por todas partes, incluida la publicación de un libro, *La píldora contra el mal de amor*, que surgió de un reportaje de investigación que ella propuso y que comenzamos a realizar juntas para el programa *Aquí y Ahora* de Univisión. El dinero y la bonanza le llegaron a manos llenas y me alegré enormemente porque es una madre que ha dado todo para sus dos hijas.

Un buen día Anjanette me llamó para darme otra noticia: le habían dado un gran puesto en la cadena Telemundo, empresa que continúa dándole proyectos para realizar. Por todas las aventuras en las que Anjanette Delgado se ha embarcado en aras de su libertad laboral es que cuando pensé en este capítulo para salir de la crisis laboral que atravesamos, el suyo era el gran consejo que no podía faltar, sabiendo que viene de alguien que ha triunfado sin lugar a dudas, en todo lo que hace.

Cómo vencer el miedo

"Cuando decidí comenzar a trabajar por mi cuenta", dice Anjanette, "la situación de un freelancer era todo lo opuesta al movimiento que ha surgido con la gran crisis que comenzó a vivirse en los Estados Unidos a partir de 2008. Antes, ser un freelancer era sinónimo de alguien inestable, alguien que prefería no tener compromisos con una empresa o era un desempleado. Yo misma tuve que vencer el miedo a que la gente pensara que yo era una desempleada y fracasada. Tuve que hacer un profundo examen de conciencia y meditar las posibilidades. Como productora de televisión comencé a hacer investigaciones minuciosas, no en balde en esa ocasión no se trataba de un reportaje, sino de mi futura vida laboral. Esto me llevó a dos grandes tareas: buscar el consejo de alguien que ha vivido exitosamente trabajando independientemente como freelancer, ya sea porque lo despidieron o porque decidió emplearse de esa forma, y hacer un inventario de lo que puedo ofrecer".

Estos dos puntos son esenciales para sentirte más seguro al lanzarte como freelancer. Nada como una persona a quien puedas acudir como guía al embarcarte en una nueva etapa de tu vida. Y no dejes de anotar todo lo que creas que puedas ofrecer en una lista detallada. Esto te ayudará a organizarte para ver exactamente cómo puedes armar tu trabajo independiente. Claro está que todo esto puede ser un poco abrumador y causa que surjan muchos miedos, eso es normal, pero no dejes que los miedos te paralicen.

Analiza tus miedos

Uno de los primeros pasos que tomó Anjanette fue analizar fríamente sus posibilidades. Al hacerlo, pregúntate: ¿Qué es lo peor que te puede pasar? ¿Que pierdas tu casa? ¿Que no tengas para comer? ¿Que no puedas pagar tus deudas? ¿Que sientas vergüenza porque te está sucediendo esto? ¿Que enfrentes las burlas de los que te detestan y se alegran de tu desgracia? Como bien dice Anjanette: "¡HAZ UNA LISTA! Verás que las cosas no son tan malas y que por lo menos puedes lidiar con ellas. Esa misma lista de prioridades es la que te va a ayudar a planear tu situación financiera, social y emocional para cuando decidas comenzar a trabajar por tu cuenta. He aprendido a enfrentar el miedo porque lo he descubierto desde la raíz y esa es la forma de abrir las puertas a mejores oportunidades."

Comparto este punto de vista al 100 por ciento. Debes descubrir y analizar tus miedos para prepararte bien y así luego poder enfrentarlos de una vez por todas. Yo te agregaría otra pequeña tarea y creo que esta también te ayudará a descubrir algunos otros miedos: haz otra lista donde anotes todas las posibilidades de cómo venderte ante quien puede comprar el producto o servicio que ofreces y recalca todo el conocimiento que tienes del mercado donde estás intentando trabajar. Esto te dará seguridad para luego enfrentar lo que te aterra de esta nueva vida.

Enfrenta tus miedos

"Mi mayor contrapeso era el miedo", sigue diciendo Anjanette Delgado. "Al comenzar a trabajar como freelancer el miedo va y viene por múltiples razones y situaciones, y debes estar preparado o preparada para que regrese y vuelva a regresar. Es curioso e importante que REGRESE EL MIEDO, ¿sabes por qué? Porque ¡es la única forma de aprender a desterrarlo!"

Para enfrentar tus miedos y no dejar que te paralicen, practica el siguiente ejercicio. Si hablas con personas que te pueden contratar y no lo hacen, o ni siquiera te toman la llamada, sigue llamando, de otra forma si no lo haces es ¡porque es tu propio miedo el que te está saboteando! El miedo es el que te sabotea para que veas lo negativo y lo tomes todo como si se tratara de un asunto personal. El miedo te inculca más miedo a buscar y enfrentar y concretar nuevas posibilidades, y esto no es otra cosa que el miedo al rechazo. Cuando me encuentro saboteándome con esos pensamientos, comienzo a mover el trasero, es decir, me pongo a crear y a trabajar más. Si algo te da miedo, enfréntalo, no huyas. Enfréntalo con todas tus agallas, y hazlo cuantas veces sea necesario hasta que el miedo desaparezca. Funciona, ¡te lo prometo!

Yo tengo algo nuevo que ofrecer

Son miles los empleadores que tienen la misma filosofía para desechar candidatos a un empleo transitorio: el que llega presentándose como un pobre que es víctima de las circunstancias es el primero en ir a la pila del no. ¡No cometas este gran ERROR! Nunca lo hagas porque vas a fracasar. Nadie quiere tener relaciones laborales con alguien que mendiga, que habla de fracasos. A nadie le gusta la derrota, por tanto, es normal que los empleadores rechacen a quien nunca intenta salir adelante por sí mismo. ¿Qué es lo que funciona en tiempos de crisis como los que estamos viviendo? ¡Sencillo! Alguien que se repita desde que se levanta: ¡Voy a la calle a buscar empleo porque tengo algo que ofrecer!

"Es muy común ver a la gente acercarse a los lugares con posibilidades de empleo", continúa explicando Anjanette, "sin preocuparse en ver y explicar lo que puede ofrecer a esa empresa. Es más, evitan ese compromiso porque en realidad lo que

buscan es la comodidad de los beneficios que les puedan ofrecer por el mínimo esfuerzo que hagan. Malas noticias. Los
tiempos han cambiado tanto que quienes te pueden dar un
contrato hoy día son los que se sorprenden por tu forma de
pensar".

Para lograr lo que Anjanette acaba de explicar, primero tienes que aprender a creer en ti mismo e incluir estos puntos
clave en tus pensamientos:

- Soy leal.
- Soy responsable.
- Tengo sentido común.
- Tengo destrezas que otros no tienen, como saber
  enfrentar los miedos.
- Soy hábil para lograr negocios, conciliaciones,
  para entender contratos, documentos, lo que le
  puede ahorrar dinero a mi empleador, etc.
- Manejo las computadoras.
- Sé comunicarme por correo electrónico.
- Estoy mejorando el idioma constantemente.
- Conozco Facebook y otras páginas importantes y
  corrientes en el mundo de la tecnología y el
  movimiento social en Internet.
- Estoy abierto a aprender diariamente nuevas
  tareas.

Estas son cualidades que un empleador toma en cuenta,
siempre que vayan aunadas a que se les diga: "Me gustaría trabajar con usted" o "Me gustaría una oportunidad".

La entrevista:
Qué hacer y qué no hacer

El miedo mismo es el que sabotea tu propio éxito y hace que no te presentes de una forma que te conduzca al éxito. Mariela Dabbah, autora de *La ventaja latina en el trabajo* y a quien a menudo presenté en mi programa *Cada Día* no se cansaba de repetir: "Si vas a una entrevista, primero infórmate sobre la empresa. Investiga por Internet y aprende todo lo que puedas sobre esa empresa. No hay nada que disguste más a un posible empleador que la falta de interés que muestra una persona que busca trabajo en un sitio que ni siquiera conoce. Eso juega en tu contra para descalificarte".

Otro tema que puede terminar con tus aspiraciones de trabajo es lo que digas en la entrevista que te hagan. No intentes ganar puntos hablando de las cuarenta cosas que has hecho en los numerosísimos empleos que has tenido. No es bueno porque eso refuerza la imagen de persona inestable o que no dura mucho en los lugares. Recuerda esta ecuación de éxito al solicitar empleo:

Menos es más.

Es decir, habla de las tres o cuatro cosas importantes que son tu fuerte y que realcen lo que tú quieres que sepan de ti en esa empresa y que sepas que les son útiles. Hacer esto, conocer los detalles de la empresa y recordar la lista de cosas que tú puedes ofrecer a esa empresa será suficiente para que obtengas el puesto.

Los amigos y el trabajo

Esta es una situación sumamente sensible. Especialmente cuando todos, absolutamente todos en Estados Unidos estamos viviendo una crisis laboral y conocemos a decenas que han perdido el trabajo. Es comprensible que quienes buscan un trabajo lo primero que hagan sea recurrir a las amistades con posibilidades de contratarlos, lo que en muchos casos genera otro conflicto: creer que esas personas tienen la obligación de darte el empleo.

Si esto no sucede, la frustración es doblemente dolorosa porque eso acaba con la amistad y de paso seguimos sin una fuente de ingresos. El decálogo de Anjanette ordena que las cosas puedan surtir buen efecto si se piensa a la inversa.

"En lugar de convertirte en una plaga, diles a tus amigos qué puedes hacer por ellos. Muéstrales las ideas que tienes para mejorar su empresa. Tus frases deben ser concisas: 'He estado observando tu compañía y he pensado que esto es lo que no tienes...' o 'En este momento tengo tiempo libre y podría hacer el proyecto'."

No cometas el error más frecuente: poner a los amigos en situaciones incómodas.

En mi caso, cuando perseguía uno de mis sueños periodísticos, escribir en la revista *Selecciones*, al acercarme a la editora

Genevieve Fernández, a quien yo conocía, la plática fue de esta forma:

"A mí me encantaría escribir en tu revista. ¿Qué te parecería una columna con este estilo? Me parece que podría ser una contribución con otro ángulo".

Antes de hablar con ella, me había leído a profundidad muchísimos números para poder analizar en dónde podría tener una oportunidad con mi sugerencia. Y así fue. Al día siguiente de la platica mi agente le envió a Genevieve la columna que le había prometido, ¡y le encantó! ¿Qué funcionó además de que propuse algo en concreto y positivo? No cometí el error más frecuente y fatal con una persona con quien tienes amistad y que podría darte empleo: poner a un amigo en situación incómoda exigiendo trabajo. ¡Eso nunca se debe hacer!

El valor de un consejo

"En muchas ocasiones si una amistad no me ha podido dar trabajo, sin embargo me ha dado algo mucho mas valioso: sus consejos", explica Anjanette. "En un tiempo donde las cosas me iban mal o, mejor dicho, cuando las cosas todavía no me iban bien, decidí pedirles asesoría a personas que ni siquiera aprobaban mi forma de vida, vamos, a personas a quienes 'yo no les caía bien', pero que eran exitosas y conocían mi trabajo. Para mí su perspectiva era importante porque tenían otra óptica de mi vida profesional y yo respetaba su opinión. A ellos les preguntaba: ¿Qué crees que debo cambiar? ¿Qué crees que estoy haciendo mal? Así fui obteniendo consejos valiosísimos dirigidos únicamente a mejorar mis puntos débiles. ¡Me funcionó de forma increíble!"

Pero, pedir consejos a los amigos con trabajo cuando tú estás desempleado requiere de HONESTIDAD y mucho tacto. Si tengo una amistad le digo: "Me encantaría verte. No te estoy pidiendo trabajo ni te voy a hostigar, sólo quiero que me des tu punto de vista, no te llamo para pedirte nada más que tu consejo". Y cuando te lo dé, escúchalo. ¡Ah!, y que además sea cierto que no vas a pedir nada más. Esto siempre te abre opciones porque es diferente al acercamiento de "Mira, necesito ayuda porque se me acabó el dinero y no tengo para pagar la renta" o "Dame cualquier trabajo, no importa lo que pague". En estas circunstancias, pidiendo consejos de las personas correctas, valorando lo que me han dicho y, sobre todo, poniéndo los consejos en práctica, es como he encontrado las ideas más maravillosas que me han abierto las puertas al éxito".

En lugar de lamentos, ¡aprende a venderte!

Con la crisis económica y laboral me he cansado de escuchar por todas partes: "¡Ay, yo no me sé vender!", "¡Fulana o Zutano tienen más porque se venden mejor!" o "¡No me tocó el puesto porque no me supe vender!" ¡NO y NO! Por favor, detén el tren de los lamentos. En lugar de pensar que hay gente menos calificada que tú que te ha quitado el trabajo de tus sueños, analiza las cosas con honestidad. Sin lugar a dudas hay gente menos calificada que tú, pero tienes que reconocer que ellos se han sabido comunicar mejor de lo que tú lo haz hecho y, sobre todo, han mostrado tener más seguridad en sí mismos que la que tienes tú, ¡y esa es la gran diferencia!

Quienes han trabajado conmigo en los noticieros de televisión saben que soy la reina vendiendo historias. Voy con las personas clave y les vendo la idea, los emociono y les cuento lo que quiero poner en la pantalla, les hablo constantemente de lo que estoy realizando y así los involucro en el proyecto. Esto siempre me ha funcionado. Lo mismo me sucede con mi agente Raúl Mateu o con Pedro Bonilla, el encargado de la comercialización de la Agencia William Morris/Miami. Les vendo mis proyectos. Si logro entusiasmarlos, sé entonces que estoy por buen camino... o, por lo menos, ya he andado la mitad del camino. Si me dicen que no les gusta o no es viable, nunca lo tomo como algo personal, ni me detengo, por el contrario, sigo pensando y creando. Parte de "El arte de venderte mejor que nadie" es seguir un paso que es insustituible: hazte presente y ofrécete. En cuanto sepas de un nuevo proyecto que tú puedes realizar, de inmediato ve a ver a la persona o personas claves para que tú lo obtengas o participes en él. No los fuerces a nada, simplemente diles: "Yo sé que esto se va a realizar, me encantaría poder participar, por eso, te pido que me incluyas en la lista, ¡no te vas a arrepentir!". ¡Tú no imaginas cuántas historias pude hacer de esa forma! En muchas ocasiones mis jefas de Univisión recordaban que había sido la primera en ofrecerme y agradecían mi cooperación. Así que, sigue mi ejemplo y para vender tus habilidades como empleado ¡haz más ruido que un puerco atorado!

No dejes para mañana lo que puedes hacer hoy

Mucha gente que tiene problemas en esta crisis que estamos pasando es porque cuando estuvieron bien, con buenos trabajos, nunca se preocuparon por estar en contacto con todos los demás que en algún momento podrían tenderles una mano. Se sentían autosuficientes, pensaban que siempre iban a estar en la posición de poder y tampoco ayudaban a nadie. ¿Qué ha pasado con ellos? Que el haber olvidado a la gente cuando estaban en las buenas ahora que están en las malas les es más difícil tomar un teléfono para llamar a alguien, a quien nunca atendieron, para pedirles un favor. De las múltiples lecciones que la depresión económica ha dejado, una muy importante para recordar es esta:

No olvides que lo que tienes hoy, podrías no tenerlo mañana.

En los buenos tiempos, hay que mantener los contactos, el *networking*, como le dicen en inglés, es clave, siempre. No necesitas hacer largas cartas de amor, basta con un correo electrónico para hacerle saber a esa persona que te acordaste de él o ella, de su empresa o, como recomienda Anjanette, basta también con que le envíes alguna información que hayas visto y que le sea de utilidad. Eso hará sentir a la persona que lo tienes en mente. Ten por seguro que en el momento de emergencia, por lo menos siempre te responderán la llamada.

Aprende a vivir sin el salario fijo

Ahora sí que entramos a lo más difícil de aprender: ¿cómo vivir sin el cheque de cada quince días? ¡Pero la vida no comienza ni termina ahí! Que trabajes independiente no significa que ¡nunca vas a volver a cobrar un centavo! Todo lo contrario. Ahora vas a recibir lo que te va a hacer verdaderamente responsable. Tienes que organizarte bien y calcular tu entrada aproximada y, antes de eso, debes ahorrar algo de dinero. Primero, calcula tus gastos mensuales, incluyendo cuentas, alquiler, mercado y cualquier otra cosa extra en la que gastas mensualmente. Luego empieza a ahorrar. Antes de cambiar de empleo o de empezar como freelancer, debes ahorrar entre tres y cuatro meses de gastos mensuales, ya que al principio no sabrás con claridad cuánto dinero recibirás con tu nuevo negocio. Una vez que hayas ahorrado estarás listo para enfrentar tu nuevo empleo con un colchoncito de seguridad.

Ahora, como freelancer, es muy importante que analices los ciclos de cuándo te puede llegar dinero. Aprende sobre los ciclos en tu industria, en tu ciudad y estúdialos a lo largo de un año. Hay industrias donde de noviembre a enero están muertos, en otras esos meses son buenos. Busca entonces ahorrar durante los meses buenos más de lo normal, para tener un extra en los meses más flojos de tu industria. Mientras tanto, mejora tu crédito, has inversiones y ahorra. Pronto te acostumbrarás a manejar estos nuevos ciclos de pagos y, por el contrario, en lugar de disminuir, si planeas correctamente, veras tus números aumentar.

Los beneficios

No hay cosa más triste que todos aquellos que permanecen en un trabajo que no les gusta, en donde son infelices, donde tienen un salario horrible del cual se quejan a toda hora, pero igual siguen ahí por una simple razón: "Ay, lo mejor de este lugar son los beneficios, que son buenísimos. ¡Imagínate tengo un muy buen seguro médico!"

No cometas el mismo error que cometen muchos porque piensan que el seguro médico o el plan de jubilación, en fin, esos beneficios que tu empleo actual te da, en ninguna otra parte los puedes obtener. Los beneficios están disponibles donde menos imaginas. Investiga… No debes quedarte donde no te aprecian o donde no quieres estar sólo porque no averiguaste que sí existen beneficios buenos en otros lugares. Por darte un solo ejemplo, si preguntas en tu ciudad, generalmente al hacerte miembro de las cámaras de comercio, en muchos sitios puedes tener acceso a un seguro médico colectivo, que en la mayoría de las ocasiones es el mismo que has tenido siempre. Recuerda que si eres trabajador independiente, tienes que estar al día en todo porque a fin de cuentas, tú eres tu agente, tu jefe y tu manager, y por tanto no te debe espantar ningún detalle de "logística" como lo son los beneficios.

Piérdele el miedo a la aventura

Muchos me vienen con una excusa muy común: "Ya estoy viejo o vieja para comenzar de nuevo". A todos ellos siempre les digo lo mismo: "¿Queeeeé? ¡Viejos son los cerros y cada año se ponen verdes con pasto nuevo!". Para empezar, los años no importan. Importa únicamente tu actitud y tu disposición para el cambio y para saber reinventarte.

Un punto importante sobre el que debes reflexionar antes de comenzar a trabajar independientemente es que tienes que estar dispuesto no sólo a sacrificios, sino a escuchar y aceptar diferentes opciones.

Por lo demás, las aventuras siempre son maravillosas, lo importante es evaluarlas, calcularlas y planearlas. Recuerda una de mis máximas:

> *No hay peor cosa que morirte a los ochenta años, pero que te hayan enterrado a los cincuenta o sesenta.*

¡Eso sí que nunca!

No me vencerán

Esta es una frase que me he repetido constantemente y que a mí, personalmente, me da fuerza, sin embargo, Anjanette Delgado me ha hecho ver que tiene otros significados que son igual de importantes.

"Antes me ponía en son de lucha porque pensaba que todo el mundo me quería vencer. Ahora no pienso que tal o cual me va a ganar porque la lucha no es contra nadie. La lucha es conmigo misma. Si alguien me hizo algo malo, no pienso en una guerra contra esa persona sino que pienso en las causas. A lo mejor lo más importante es no empujar lo que no es posible porque sólo estás gastando energía inútilmente. Como diría mi mamá, 'santo que no me quiera, con no rezarle basta' ".

Piensa que debes buscar tu camino donde tu energía y esfuerzo sean apreciados. Nunca vas a vencer al que no te quiere. No entres al juego de que te tienen que aceptar. No lo hagas porque a lo mejor tu camino es otro. Lo más importante es vivir feliz. ¿Que fulanito tiene el puesto que yo quería? ¿Que fulanito me hizo daño para sacarme del camino? ¡Perfecto! No me importa, voy a buscar lo mío, ¡que eso debe estar en otra parte esperando por mí!

Piérdele el miedo al "qué dirán"

Personalmente me costó mucho trabajo aprender a escuchar a la gente impertinente al preguntarme en la calle: "Ya usted no tiene trabajo", "¿Qué va a hacer sin la televisión?", "¡Pobre de usted si alguna vez regresa a la televisión!" o "Y… ¿ahora qué hace sin trabajo?".

Al principio no sabía cómo lidiar con eso, especialmente cuando me lo decían sin el menor recato. Poco a poco he aprendido a contestarles, pero mejor aun, he aprendido a razonar lo que es mi nueva vida. ¿Cómo que no tengo trabajo? Escribo libros, tengo una columna que aparece en sesenta diarios mexicanos, escribo una columna mensual en *Selecciones,* tengo un proyecto nacional de radio con *Casos y Cosas de Collins* y, además, ¡me dedico a mis negocios particulares! ¿Eso es no tener trabajo? ¡Por supuesto que lo tengo! Lo que sucede es que todo eso forma parte de los miedos terribles a que te lastime el "qué dirán", pero al igual que sucede con los miedos que hay que descubrirlos de raíz, este tipo de temor primero hay que analizarlo. Así encontré que el miedo al qué dirán en términos de trabajo tiene que ver con las crisis, por tanto, ya no es nada que alarme a nadie.

Esta crisis tiene a todo el mundo en el mismo barco. No hay estigma. Antes era una vergüenza decir que habías perdido el trabajo, que te habían quitado la casa o que estabas atrasado en las tarjetas de crédito, ahora todo eso es algo que le ha sucedido a casi todo el mundo. Por esto mismo es que hablar de dinero o de que cambiaste de trabajo seguro para hacer tu propio negocio, ya no es un tabú.

El qué dirán es el qué dirán, ¡pero lo importante es el que dirás tú!

Consejo final

"Todos trabajamos para nosotros mismos", afirma finalmente Anjanette Delgado. "Si haces un buen trabajo, siempre vas a tener opciones de encontrar un buen empleo, siempre y cuando inviertas tiempo en ti mismo o misma. Si te preocupas por modernizarte, por autoevaluarte constantemente, por mejorar tus destrezas, siempre estarás vigente. Creo que ha llegado el tiempo en que el éxito laboral dependerá, tarde o temprano, en que todos los empleados tengan que pensar como si fueran freelancers, y hoy, mañana o en un año, quien te siga contratando lo hará en base a ¡que siempre das el 100 por ciento de tu capacidad con cada uno de tus clientes! Y eso es invaluable".

Igual de invaluable es el consejo de Raúl Mateu, Vicepresidente en Miami de la agencia de representación de talento William Morris, que lleva más de cien años representando clientes como Marilyn Monroe, entre otros: "Yo creo que difícilmente puede faltar trabajo cuando coinciden tres factores en una persona: primero, tienes que ser muy bueno en lo que haces, (si eres el mejor, eso ayuda más); segundo, tienes que ser una buena persona y, tercero, tienes que tener una lista de contactos que te puedan emplear, que recuerden que eres el mejor en lo que haces y que además eres una muy buena persona. Esto facilita mucho las cosas".

Por lo que te dejo con esto: piérdele el miedo a la crisis y busca hacer lo que más feliz te hace. Todo es posible en la vida, simplemente se requiere de poner lo mejor de ti, organizarte bien, mantener tus contactos y tener fe en ti mismo.

Para recordar…

- Cada día son más las empresas que prefieren empleados que trabajen por su cuenta que les traigan ideas frescas.
- Ser freelancer no es un estigma. No significa estar desempleado, ni ser inestable. ¡La crisis los ha puesto de moda!
- Analiza, enfrenta y vence el miedo a ser freelancer.
- Manten una buena presentación de tu persona ante los posibles empleadores, infórmate sobre la empresa y diles que tienes algo nuevo que ofrecer. Y acuérdate que en una entrevista de trabajo "menos es más".
- Los amigos y el trabajo son un punto delicado. ¡Que alguien sea tu amigo no significa que tenga que darte el empleo! No pongas a un amigo en una situación incómoda por un puesto laboral.
- Aprende a vender tu imagen y el producto que ofreces. Detén el tren de lamentos y analiza que hay mucha gente con menos capacidades laborales que tú, pero que se comunica mejor ¡y logra lo que quiere!
- No dejes para mañana lo que puedes hacer hoy. Mantén todos tus contactos, así cuando de veras necesites apoyo ellos estarán ahí para ofrecértelo.

- Aprende a vivir sin el salario fijo quincenal, ahorra y organizate para poder ser un exitoso freelancer.
- Conviértete en el rey o la reina de la reinvención. Piérdele miedo a la aventura. No importa cuántos años de edad tengas, lo importante es tu actitud y disposición para el cambio.
- Pierde el miedo al qué dirán. Lo que importa es lo que dirás tú.
- La persona que siempre tiene empleo es aquella que ¡siempre da el 100 por ciento de su capacidad con cada cliente o en cada empresa! Seas freelancer o empleado fijo, esta verdad llévala cerca siempre, porque es así.

I 4

Rechaza la pobreza y
¡atrae la abundancia!

Durante muchos años —tantos que ni recuerdo— había tenido en mi escritorio, mirándome de frente, la foto de mi casa allá en Allende, un pueblito a orillas del río Coatzacoalcos en Veracruz, México. Muy humilde, pequeñita, fea para los que no conocen la historia y quienes al verla me preguntan intrigados: "¿Por qué tienes esa casucha en la foto en lugar de poner alguna que sea bonita?". La respuesta es la misma y los deja desconcertados siempre: es la casa donde pasé años importantes de mi adolescencia que me forjaron en la escasez de dinero y me dieron el hambre de triunfar en lo que me propusiera, y es la casa donde aprendí a que debía emplear la fuerza del carácter para que nadie me lastimara mientras luchaba por sacar adelante a la familia como la hija mayor que fui. Por eso, al ver esta casa, entre otras cosas, me recuerda el carácter que necesito para poder sobrevivir. Verla siempre me remontaba al pasado que, a pesar de todo, siempre era agradable... hasta el otoño de 2008 cuando escribía este libro y de pronto me di cuenta que ya era hora de quitar la foto y guardarla en un sitio donde no estuviera al alcance de mi vista.

¿Por qué tomar semejante decisión ahora y no antes? ¿Acaso me avergonzaba de ella? ¡Jamás! La razón era diferente y tenía que ver con el razonamiento sobre la pobreza y la abundancia. A lo largo de este libro te he hablado de cómo tuve que tomar algunas de las mayores decisiones de mi vida en los últimos tres años. Primero, cambiar de giro y, después, decidir que lo que había escogido era únicamente una etapa que había llegado a su fin luego de tres años y que en realidad lo mío era volver a las noticias sea cual fuera el sacrificio que eso significara y lo empinado que me resultara el camino. Esto implicaba algo más: no contar con la seguridad de un salario cada dos semanas, pero a cambio vendría más dinero luego de un tiempo, lo que no quitaba que financieramente era un consabido riesgo.

A pesar de eso decidí que los años futuros de mi vida serían los más importantes y que no había dinero que me comprara la paz que había perdido, no importa lo que me pagaran. Y me lancé a la aventura.

Total, que a pesar de la planeación, administrando correctamente mis recursos y rodeada de los mejores asesores, yo seguía teniendo esa horrible sensación de angustia y desamparo sin saber por qué. Luego de mucho reflexionar identifiqué el origen de ese sentimiento: era el mismo de la pobreza en la que crecí en mi adolescencia cuando mis padres difícilmente tenían para pagar la renta y nos andaban corriendo de todas partes. Era la misma aflicción de cuando era escaso el dinero para la comida y ni hablar del que no había para la ropa; era la misma sensación amarga de cuando solo tenía un par de zapatos al año y ese mismo me servía para la escuela, las fiestas y la iglesia los domingos y entonces muchas y muchos se burlaban de mí con aquella crueldad de la adolescencia, diciéndome cosas como: "Pareces fotografía, siempre con la misma ropa y los mismos zapatos a todas partes, ¿no te da pena?".

¡Por supuesto que me daba pena y me generaba una infelicidad y autoconmiseración increíbles! Y aunque la posibilidad de que eso me volviera a ocurrir fuera remota, igual no podía apartarla de mi mente porque me perseguía como una pesadilla, a pesar de que no es mi caso —y toco madera— porque la planeación financiera, repito, me ha asegurado estabilidad. Entonces, ¿qué era lo que disparaba esa aflicción? Mientras me preguntaba esto de pronto mi vista se fijó en la foto colocada justo al lado del monitor de mi computadora y no hubo mucho más que investigar: ¡el origen estaba en la foto! Y la explicación era sencilla: si bien aquella imagen de la casita pobre en un momento me permitió ver hasta dónde había llegado, en otras circunstancias, como en la transición profesional para reinventarme, lejos de darme paz, ¡me provocaba inestabilidad!

¿Por qué? Bueno, porque me hacía recordar el pasado. Me di cuenta de que las imágenes encontraban algo muy escondido en mi cerebro que provocaba la sensación de angustia e inestabilidad ante la sola posibilidad de no tener dinero para pagar la hipoteca y los gastos fijos e imprevistos. Total que, en pocas palabras, mi foto era la culpable de que me sintiera así. Decidí entonces que en verdad era el momento de dejar de vivir en el pasado y comenzar a vivir en el futuro.

Allende en Coatzacoalcos era la prehistoria de mi vida personal y laboral. Después vinieron muchas otras etapas donde comencé a prosperar hasta el día de hoy, y ahora, nada, ¡a pensar con cabeza en otras cosas y seguir adelante!

Sin el menor remordimiento guardé la foto en un lugar de honor dentro de mi escritorio y la reemplacé con la foto de una casa preciosa de la que siempre he estado enamorada (y en la que seguramente viviré algún día en el futuro). Esto significa los nuevos retos en los que pienso, las nuevas aventuras financieras y laborales en las que he decidido incursionar, en pocas palabras, eso es el presente y el futuro, ¡nunca más el pasado!

"¡No en balde nos estamos haciendo viejas!", me dijo riendo Angélica, la amiga a la que no le gusta la mencionen en ningún libro (*sorry* Angie). ¿Por qué no vas a dar ese consejo en el libro? Angélica Artiles tenía razón. He vivido completamente todo un largo proceso de rediseñar mi vida y nada ha sido en balde, entonces, ¡cómo no escribirlo aquí!

"Es sencillo", diría Julio Bevione, "sólo has puesto en práctica lo que has aprendido sobre el manual de la vida".

Busca tu manual de la vida

Así de sencillo fue recordar lo que haría para erradicar el sentimiento de pobreza comparándolo con lo que haría para poner en operación un aparato electrodoméstico. Si no entiendo cómo poner a funcionar la licuadora, la situación originalmente es sencilla: es cuestión de buscar el manual de operación que viene en la caja donde fue empaquetada y ahí me dirán todo lo que tengo que hacer.

En mi manual de vida dentro de mi cerebro hay una parte que nunca fue contaminada con el pensamiento negativo o de tristeza, es una parte que mantiene vivo el recuerdo de quien realmente soy, y en ella reside el verdadero poder de hacer este manual, al que recurrí y quien me fue guiando y explicando las cosas.

Primero, al sacar la foto de encima de mi escritorio detuve instantáneamente el pensamiento de pobreza que era recurrente porque se presentaba innecesariamente enviándome señales equivocadas cada vez que volteaba a verla.

Después, al parar el pensamiento, tan rápido como sucedió con el primero, también fueron desapareciendo la angustia, la ansiedad y el desamparo y, entonces, me saqué de encima lo negativo. Lo próximo fue pensar sólo en la prosperidad por la que he trabajado tanto tiempo, y así comencé a tener más ideas y a crear los nuevos conceptos de mi reinvención para poder sobrevivir activa en el más que competitivo campo profesional de las comunicaciones por radio y televisión en el siglo XXI, cuando eres mujer y tienes más de cincuenta años de edad, asunto por demás difícil, pero nunca imposible.

Vencer el miedo trae abundancia

Ok. Ya tenía identificadas y controladas las causas de los pensamientos de pobreza, pero, ¿cómo hacer que surgieran los de abundancia?

El miedo estaba escondido teniendo una completa relación idílica con mis temores y era lo que me impedía pensar en la riqueza. Era el miedo relacionado con mi ego donde desconectaba lo bueno y comenzaba yo misma a sabotearme por pura preocupación o manipulación de mí misma y me encontraba diciendo: "Ay, yo tan buena, ahora ¿qué hago?".

Decidí entonces jugar con mis pensamientos a la inversa y sólo enfocarme en la abundancia que merezco. De inmediato dejé de pensar en el conflicto que abarcaba toda mi fuerza y me impedía hacer otra cosa que lamentarme.

Así que para poner manos a la obra y utilizar la sintonía para reemplazar la carencia y la pobreza, simplemente hay que renunciar al miedo o a los miedos que por cualquier razón nos atacan. Pregúntate: ¿Dónde estoy usando mi miedo? A lo mejor tu miedo te impide ver la abundancia a través de un buen negocio estudiando para oficinista médica, para asistente de veterinario, para hacer tortas o pasteles, para dedicarte a los bienes raíces. Tus miedos son los que dan paso a la escasez y a la pobreza.

Piénsalo bien. Ogis Cortés, una amiga de la juventud quien siempre ha sido excelente cocinando y hace unas galletas que son una delicia allá en Coatzacoalcos, México, sin lugar a dudas venció el miedo al qué dirán y, apoyada por Jorge su esposo, hoy tiene una bien ganada fama culinaria en la ciudad. La Chata Tubilla por ella misma se convirtió en la fotógrafa más famosa de la ciudad y del sur del estado de Veracruz. Ella comenzó una escuela que ahora han secundado decenas de fotógrafos que decidieron imitarla. Chata comenzó con una cámara que le regaló doña Lili Tubilla, su suegra. Un día decidió retratar en su casa, convertida en un estudio, a los amigos y familiares que se casaban. Hacía primeras comuniones, bautizos, quinceañeras y bodas. Así perdió el miedo, se preparó con fotógrafos mexicanos y de otros países y casi treinta años después sigue vigente por dos razones importantes: rechazó la pobreza y decretó la abundancia en su vida. Lo mismo ha pasado conmigo y puede sucederte a ti. Es cuestión de que decidas hacerlo.

¿Qué no se te da tan fácil? Entonces, busca y encuentra cuál es tu miedo, aquel que te impide salir adelante. Cércalo, porque ahí está la puerta que debes abrir para volver a recuperar tu poder para crear una realidad donde no conocerás los límites. ¿Miedo? ¡Sólo a tener miedo! Y recuerda esta frase de Don Quijote de la Mancha:

Siempre vive con grandeza... quien hecho a grandeza está.

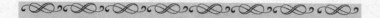

Para recordar…

- Identifica qué está disparando tu ansiedad, angustia y desamparo.
- Evita que te lesiones removiendo el objeto o el pensamiento que te está provocando la sensación.
- Encuentra "El manual de tu vida".
- Piensa en la abundancia que es la única que puede vencer el miedo.
- Encuentra dónde está y dónde estás usando tus miedos, para vencerlos de una vez por todas. Si el miedo domina tu abundancia, lo único que te queda es la sensación de escasez.
- Descarta la escasez y llama la abundancia a tu vida. Hazlo diariamente, tanto como tú quieras.

15

Abre puertas

La reunión en casa de Cristina Saralegui es siempre igual cuando un amigo le pide un consejo. Ahí recibirá toda una lección de cómo salir adelante sin importar qué tan complicado sea el problema. El comedor de la cocina de su casa es el mejor sillón de siquiatra que una pueda tener en la vida. Ahí te puedes sentar con ella y llorar todo lo que se te antoje sabiendo que personas tan generosas como Cristina y Marcos se turnan para hacerte ver que siempre hay cosas más importantes por qué preocuparse que el que algunos te cierren las puertas.

"Que se cierren, no importa. Mejor", dicen Cristina y Marcos. "¿Sabes por qué? ¡Porque eso significa que también se van a abrir muchas puertas más! Lo que en verdad cuenta no es eso, sino que sepas perfectamente lo que vas a hacer en el siguiente paso de tu vida. Para aclararlo aun más: siempre ten en tus manos las llaves que te permitan tener las puertas abiertas en el resto de tu camino".

Yo les explicaba que paso a paso los ciclos de mi vida se habían ido cerrando, pero ni Cristina ni Marcos creen del todo que sea así.

"Los ciclos no se cierran uno a uno", me dijeron. "Los ciclos se cierran de golpe y punto. No olvides que siempre se cierran al mismo tiempo y que esto sucede, mi amiga, para algo que va más allá: significan un nuevo comienzo en la vida, *a new beginning*".

Aquella plática del otoño de 2008, por la generosidad y el cariño de dos personas tan importantes como Cristina y Marcos, me transportó de inmediato, por el contraste y la enseñanza, hacia por lo menos treinta años antes, en 1976, donde estuve en la Ciudad de México con un periodista que dirigía una revista y a quien había ido a pedirle trabajo.

Iba recomendada por dos amigos de aquel señor, pero esa no era mi recomendación principal para obtener aquel puesto de periodista: ¡mi trabajo era lo que sin lugar a dudas me hubiera dado el sitio vacante en aquel lugar! Escribí un artículo acorde con la filosofía de aquella revista para que él pudiera tener una perspectiva de lo que yo era capaz de hacer si me contrataba. Lo pulí y se lo mostré a Jacobo Zabludovsky, no sólo mi jefe en Noticieros Televisa, sino en aquel momento el periodista más importante de México y a quien le pareció que mi artículo estaba muy bien.

"Todo te va a ir bien Collins, ni te preocupes", me dijo, alentándome.

Resulta que llegó el día de la gran cita con el director de la revista. Muy segura de que mi artículo le gustaría y además rogándole a Dios que me dieran ese empleo porque necesitaba ganar más dinero puesto que yo ya era el sustento de mis padres y hermanos, de pronto estuve sentada frente a él. Me pareció que aquel hombre lucía aburrido y malhumorado aquella tarde. Tomó mi artículo y comenzó a leerlo mientras yo lo observaba.

"¿Qué es esto?", me preguntó.

"Es un artículo que le traje", respondí.

"Esto no sirve, no me gusta para nada".

Con todo respeto le pregunté por qué mi artículo no servía y de qué forma podría escribirlo para que a él le pareciera adecuado a su revista.

"Mira, este 'articulito' lo puede escribir cualquiera, se ve que es cuestión de que te sientes en una máquina y le des a las teclas y ya está" me dijo. "¿Cómo componerlo? Mira niña ni te preocupes de hacerlo porque discúlpame pero no te voy a dar el puesto. Yo necesito periodistas fuertes, con nombre, que escriban cosas importantes, esto, te repito, lo escribe cualquiera".

Entendí que estaban claras dos cosas: una, yo no le gustaba para su revista y, dos, la entrevista se había terminado. Me despedí y no sé ni cómo salí del lugar ya que estaba llorando como si fuera un personaje de la novela *Humillados y ofendidos* de Dostoievski.

Aquella persona sin el más mínimo tacto casi me había cerrado la puerta en mis narices, además, en una forma tan increíble que hasta el día de hoy me sigo preguntando por qué aquel hombre actuó tan grosero conmigo innecesariamente. ¿Sería conmigo o sólo fue que se levantó de mal genio aquel día y me vino a tocar la rifa a mí?

Nunca tuve respuesta, imagino que no era nada personal porque con los años en varias ocasiones me lo volví a encontrar y fue amable y hasta simpático, pareciera no recordar ni aquel encuentro, ni la manera en que se comportó... o a lo mejor sí, pero prefirió callar.

Ahora viene lo bueno.

Cuando le conté a Jacobo Zabludovsky lo que me había sucedido, filosófico como siempre, me dijo una frase que escuché por primera vez en ese momento y que encierra una gran verdad:

No olvides que nunca está más oscuro que antes del amanecer.

Y así fue. Hizo una llamada que me cambió el panorama: fue al maestro José Pages Llergo, uno de los hombres a quien Jacobo más admiraba, y quien fundó y dirigió la revista decana de la política en México, *¡Siempre!*

Jacobo me consiguió una cita con el maestro Pages Llergo. También en esta ocasión preparé un artículo y lo llevé el día de la entrevista...

El maestro Pages, toda una historia viviente del periodismo mexicano, me recibió personalmente, se tomó todo el tiempo del mundo para leer aquel artículo y apenas lo terminó, me preguntó:

"¿Qué quieres ser en la vida profesional?"

"Una reportera famosa", le contesté.

"Si quieres el consejo de este viejo, no pienses en la fama, piensa en el prestigio. La fama es efímera, es quizá asunto de unos minutos, unos días y ya pasó. Es más, hay gente que vive haciendo esfuerzos para ser famosos y ya lo son, pero no lo saben. Lo que debes es trabajar en construir tu futuro pero con prestigio. Recuerda siempre, la fama se va pronto, el prestigio se construye día a día y es lo único que al final perdura. Ah, y me gustó tu forma de escribir. Tienes un espacio en mi revista para las colaboraciones que quieras enviar que ¡por supuesto se te van a pagar!"

¡Y ahí estuve durante unos cuantos años enviando mis artículos que aparecían junto a los nombres importantes de verdaderos periodistas!

Esto sucedió al parejo de un día que recibí otra llamada: era de Alejandro Henestrosa quien en la década de los setenta dirigía la sección de espectáculos en México de la revista *Vanidades* y a quien también le había hecho llegar una muestra de mi trabajo.

"Leí el artículo que hiciste y me parece muy bueno. Te lo voy a decir porque no me gusta ocultar las cosas: escribes diferente y muy sabroso, y a tus pocos años en esta profesión (en ese entonces tenía 23), lo más importante es que tienes lo que muchos quizá nunca llegan a lograr por más que lo intenten: un estilo. El tuyo, te repito, es un estilo muy especial, diferente, muy sabroso. Por supuesto que tienes trabajo con nosotros".

Alejandro Henestrosa me dio el puesto de periodista freelance de *Vanidades*. Durante años él y su esposa Noris me permitieron incursionar en la entrevista escrita que me dio la práctica para lo que con los años me vendría tan bien. El maestro Pages Llergo y ellos no podían estar equivocados, ¡por supuesto que yo sí servía! Y eso me limpió la sensación de humillación que me acompañó durante un tiempo.

¿Qué le pasó al director de la revista que me cerró la puerta en las narices no sólo porque yo escribía como cualquiera, sino porque nada más quería reporteros con nombres fuertes? ¡Nada! La revista aquella cerró años después y él desapareció del mapa, mientras yo seguí teniendo más y más trabajo en diferentes revistas y periódicos.

Esta es una gran moraleja. La otra es saber organizarse y saberse plantar. ¡Sin eso, no logras nada, ab-so-lu-ta-men-te nada!

Volviendo a la reunión en casa de Cristina Saralegui aquella tarde del otoño de 2008, no era la excepción en cuanto a riqueza espiritual porque cada segundo en el que ella te explica las cosas, de inmediato sabes que tiene toda la razón. Embelezada, la escuchaba primero a ella con esa sabiduría con la que nació, para después, al llegar Marquitos —todo un genio de las finanzas y la comercialización— pedirle la propia Cristina que él me aconsejara con su opinión.

¡Planea!

Para mí sus consejos son una Biblia a seguir, y tal y como me los han dado te los paso y, como diría Cristina, "no te están costando nada":

I.   Planear es lo más importante que debes tener en cuenta para saber qué hacer. Tienes que poner un calendario de los grandes que tienen escritos los

doce meses del año. Ahí comienza a escribir lo que
tienes para el futuro. Es la única forma de visualizar
las cosas.

2. Para que se te abran puertas no debes cerrar otras.
No te embarques en cosas que probablemente te
eviten tomar otras oportunidades. Mantente lo
más neutral posible hacia cualquier situación que
pueda surgir para tu futuro hasta que veas y decidas
lo que mejor te conviene.

3. Marcos Ávila y Cristina tienen una visión futurista
de las cosas y esta es sumamente importante: "El
paternalismo de las empresas en las que crecimos
con el tiempo y las crisis tiende a desaparecer. Los
grandes beneficios, los grandes salarios, el trabajo
en el que comenzabas joven y te retirabas viejo, en
fin, con los años todo eso ira convirtiéndose en
cosa del pasado. ¿Cuál es la solución? La solución
entonces es DI-VER-SI-FI-CAR-SE, mi hermana,
¡diversificarse!".

Nada más hay que observar su ejemplo para ver que pre-
dica con su ejemplo. *El Show de Cristina* y sus productos bajo la
marca Casa Cristina para las tiendas Kohl's y los comerciales
cuidadosamente seleccionados le toman algo de su tiempo, el
resto es para disfrutar con sus hijos, el nieto, su casa, los amigos
y, por supuesto, lo más importante para ella: la vida junto a
Marcos con quien tiene más de veinticinco años.

Diversificarse es también la palabra favorita del periodista

Jorge Ramos. Con Jorge hace muchos años que aprendí la fórmula:

"Tenemos que diversificarnos, Collins", me dice Ramos. "En el futuro esa será la única forma de permanecer vigentes y de tener puertas abiertas cuando otras se cierren".

¡Jorge ya tenía esta teoría cuando apenas comenzaba el año 2000! Y lo recuerdo con exactitud porque era el tiempo en que comencé —bajo la tutela de Jorge Ramos— a escribir mi primer libro.

"Mira, Collins, yo creo que este es el camino que debemos seguir, por lo menos tenemos los libros que van a llevarnos a otras cosas y nos mantendrán vigentes sin importar lo que suceda. Pero para eso siempre será importante seguir abriendo puertas para uno y para los demás".

Tanta razón y tan sabias esas palabras.

Abre puertas para ti y para otros

Nunca jamás he dejado de pensar en Jorge siempre que he podido abrir las puertas para alguien más. La oportunidad llegó cuando José José publicó el libro de sus memorias y me emocionó ver que en una parte de los agradecimientos habla de mi persona. No necesitaba hacerlo, sin embargo, fue un noble gesto que siempre le agradeceré a él y a Sarita. Con ellos hice exactamente lo que Jorge Ramos hizo conmigo. Ver las posibilidades de su libro y ayudarlos en la estructura del mismo lo más que pude. Sólo fue el empujón inicial, lo demás lo hicieron ellos. Lo que nunca esperé fue que comenzara tan pronto la retribución, y es que a partir de "la manita" que les di comencé a recibir cosas buenas para mí.

Mientras estaba con el libro de mi compadre, me llamó mi agente Raúl y me dijo: "Es tiempo que empieces a escribir tu próximo libro, el que será de autoayuda sobre lo que te ha sacado adelante".

Y así nació *¡Porque quiero, porque puedo y porque me da la gana!*.

¿Tienes alguna duda de que siempre que abras puertas para otros también se seguirán abriendo puertas para ti? Si te quedan dudas vuelve a repasar este capítulo, por favor, y ten siempre presente la frase:

Hoy por ti, mañana por mí. . . o por alguno de los míos.

¡Y con eso basta!

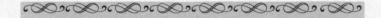

Para recordar...

- No importa que se cierren puertas en tu vida porque eso significa que otras más van a abrirse. ¡Significa un nuevo comienzo!
- Los ciclos de la vida se cierran todos de golpe, pero poco a poco comienza a renacer tu nueva vida.
- Para que se abran nuevas puertas, tienes que estar preparado y ¡planear!
- Busca un calendario anual y escribe en él lo que vas a hacer mes por mes, y manténte neutral entre proyectos, así podrás decidir lo que mejor te convenga.
- Siempre abre puertas también para otros, que eso te abrirá más puertas a ti.

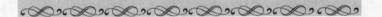

Tercera parte

¡Porque me da la gana!

16

La "barbie" del medicare

Barbie y yo somos contemporáneas. En realidad, ella nació en 1959 cuando yo tenía siete años. Por eso es que fui una niña de esa generación, que creció soñando con tener una Barbie para jugar y no pudo hacerlo porque en ese entonces en México una muñeca de esas era un privilegio de los niños ricos a quienes sus padres podían comprárselas en los Estados Unidos. Yo no tuve esa suerte y fueron quizá tantas las ganas frustradas de tener una lo que me llevó a pensar que las mujeres después de los cincuenta podríamos ser como la famosa muñeca a quien los años no le hacen ab-so-lu-ta-men-te nada. A diferencia de mucha gente que oculta su infancia si esta no fue lo glamorosa que hubiesen querido, yo por el contrario hablo de eso porque es parte de lo que a fin de cuentas me ha forjado. De tal manera que siempre aclaro que de adolescente y joven fui flaca, fea y pobre y que por esa combinación fatal, me tocó luchar duro, durísimo, para salir adelante.

Una de esas tardes de desesperanza cuando el novio —que entonces pensaba yo era el amor de mi vida— me dejó por pobre y flaca sumiéndome en la tristeza y la rabia, me prometí que algún día sería yo "la Barbie" por lo menos del medicare, es decir, una "muñecota" de la madurez. Durante años este fue mi chiste favorito, especialmente porque con el tiempo comencé a engordar y a engordar tanto que mi vida se convirtió en una constante lucha entre dietas y recetas, lo que me llevó a escribir mi primer libro, *Dietas y recetas*, y me abrió, gracias a Dios, el camino para escribir otros más con todos los beneficios que eso trae, con todo lo que mis libros y demás me habían dejado, y aunque lo de "flaca y pobre" ya lo habíamos quitado del camino... quedaba entonces lo de fea.

A decir verdad, tampoco fui taaan fea. Siempre he dicho que he sido "pasaderita", es decir, "simpaticona", con la ventaja de que la televisión me ayudó a mostrar lo mejor de mí, mi rostro, de manera que enfoqué mi tiempo en lograr ser guapa sacándole ventaja a los avances de la ciencia de hoy en día. Comprendí que la presencia es más importante que la belleza y me convencí de que eso era lo que yo tenía que lograr.

Pasaron los años y entonces, armada del bisturí del Dr. Carlos Wolf, uno de los grandes cirujanos plásticos de los Estados Unidos, fui encaminando mi aspecto como muchos hubiesen soñado. De pronto, en reuniones de amigas contemporáneas de edad era notable mi aspecto y famosos los procedimientos a los que me había sometido: el lifting, las liposucciones, las dietas, el Botox y el colágeno, que comencé a aplicarme cuando eran aún tratamientos desconocidos.

Las envidiosas me cuestionaban con sus caritas dulces diciendo: "Ay, ¿pero no te das cuenta que todas esas cosas que te haces son por miedo a envejecer?".

Y mi respuesta un día, en medio del enojo por varios de sus comentarios, fue sincera: "Ok. Me he hecho de todo para verme mejor y ¿saben por qué? ¡Porque algún día quiero ser la Barbie del Medicare!" Las dejé boquiabiertas cuando seguí explicándoles. "¡Sí, me escucharon bien! Si no pude ser una Barbie porque no nací así, mientras que las bonitas y ricas que podían comprar ropa y estudiar lo que quisieran eran las que llevaban la ventaja, entonces me juré que lo sería en la madurez. Y aquí estoy".

Las carcajadas siempre han seguido semejante explicación sin un ápice de vergüenza de mi parte.

Una Barbie de la madurez

Poco a poco, como mis cirugías siempre fueron publicitadas, como no dejé tampoco de contar que me había compuesto hasta mis dientes desgastados y feos para hacerlos eternamente blancos y súper bonitos como los de los jóvenes, me di cuenta de que me había ganado la admiración de un sector importante de la población: el de las mujeres de cincuenta años para arriba que siempre han querido hacerse cosas para cambiar pero que no han tenido el valor, y les gustaba que yo las animara.

No me es ajeno que siempre que voy a tiendas o al supermercado el comentario de las mujeres de ese rango de edad siempre es halagüeño hacia mí. Su pregunta más frecuente es: ¿Cómo le hace para verse por lo menos diez años mas joven?

Siempre les respondo lo mismo: La única diferencia entre usted y yo es la decisión a enfrentar el reto. Otra cosa que la gente quiere saber es si duele mucho cualquier procedimiento para mejorarte físicamente. "Sí, sí duele", respondo. "Pero prefiero ese dolor, al otro, al que te da cuando reflexionas: ¡duele más verte vieja por haber sido cobarde!"

Hoy no hay mujer fea, hay mujer miedosa

Esa es la verdad. Antes, cualquier operación de cirugía plástica era un privilegio de unas cuantas. Hoy en día todo es totalmente diferente y si el asunto es no tener dinero, los procedimientos están prácticamente al alcance de quien tenga crédito. Aun en las oficinas de los médicos más prestigiosos está disponible el sistema de crédito para reconstrucciones y cirugía selectiva como implantes de seno, liftings, barriga y más. De manera que la excusa aquella de que "cuesta muy caro y no lo puedo hacer" ya no surte efecto. Si no te compones es porque no lo quieres intentar. Yo lo he hecho por no aguantar el escrutinio terrible de enfrentarme a mí misma diariamente ante el espejo. He escogido entre el miedo de no hacer tal o cual procedimiento y el temor de cuestionarme por mi cobardía para tener que aguantar lo que no me gusta por el resto de mis días. Así que si estás en tus cincuentas, piensa, analiza y decide, que lo que hagas ahora te servirá para vivir sintiéndote bien el resto de tu vida. ¡No imaginas qué satisfacción da!

A partir de los cincuenta comencé a programar más la reconstrucción de mi cuerpo para los siguientes diez a quince años cuando todo en general cae por el efecto de la desdichada gravedad y cuando el riesgo de ir al quirófano es menor que en las décadas anteriores, por lo tanto, como te he dicho en capítulos anteriores, no he descansado ni con la dieta ni con el ejercicio en esa tarea constante de ser una Barbie del Medicare. Me tuve que someter a una reconstrucción de cirugía plástica para la barriga porque una gripa viral que me afectó al día siguiente de hacerme la primera operación me dañó la cicatriz. Un año después entré al quirófano a revivir los mismos pasos, pero siempre con mi filosofía al alcance de la mano para estos casos: Para ser bellas... hay que ver estrellas.

En esta complicada misión me encontraba hasta que un día de 2008 mi agente Raúl Mateu y Pedro Bonilla, el ángel que se encarga del departamento de Marketing de William Morris-Miami, la agencia que me representa, me dieron una noticia muy particular:

"UnitedHealthCare te quiere para que seas la portavoz de cómo explicarles a los hispanos lo que es el Medicare. Va a ser una campaña nacional educativa, no comercial, donde a través de un DVD narrado por ti se respondan todas las dudas que tengan sobre un tema terriblemente desconocido para la comunidad hispana como es el Medicare".

"Y ¿por qué yo?" pregunté.

"Bueno, ellos pensaron en ti por la preferencia que tiene un grupo demográfico muy especial e importante sobre tu persona. No sólo lo has logrado con la televisión o con tus artículos en periódicos y revistas, sino también con el contacto que te han dado tus seis libros, donde les hablas de frente y has contado tu lucha para permanecer vigente. A la gente le gusta pensar en una mujer que ha sabido salir adelante y que con los años se ve mejor. Todo esto jugó un papel clave, de manera que al buscar a alguien para la campaña, decidieron que fueras tu".

"¿Vieron?", les dije a Raúl y a Pedro. "Ahora sí no hay quien dude que se me ha cumplido mi sueño de ser efectivamente ¡la Barbie del Medicare!"

Ni quien lo dudara...

Y como dice el dicho, en menos de lo que canta un gallo me vi sumergida en ese mundo tan complejo que es el Medicare. Ni yo misma sabía bien qué era el Medicare, más allá de la definición de que es el plan del gobierno de los Estados Unidos para... para algo —me dije— para algo que tiene que ver con la jubilación. ¿Para qué? Me detuve a analizar. Y no, resulta que no pude responderme. Al igual que la inmensa mayoría, yo tampoco sabía más que la simple definición, y eso hasta a medias. Me tocó viajar, explicar y hablar de cómo no somos nada si cuando llegamos a los sesenta y cinco años de edad creemos como todos los demás que con el Medicare que da el gobierno estamos cubiertos. Si piensas así, es un grave error.

Medicare:
La decisión más importante

Hablando con los hispanos de la tercera edad aprendí mucho. Principalmente supe que el problema mayor para tomar la decisión más importante del resto de la vida, es decir, para escoger el Medicare, radicaba en que cuando una persona va a cumplir los sesenta y cinco años de edad, casi es sepultado por la tonelada de propaganda que recibe en el correo sobre los planes de Medicare existentes, y por tanto la persona se abruma, o no abre la correspondencia y no se entera, o acaso la abre y la ve pero no la entiende.

Por esto fue que decidí que, si más tarde o más temprano terminamos jubilándonos, es mejor aprender sobre lo que tendremos que hacer ahora, y un DVD educativo, no comercial, sería un gran instrumento.

Así que en palabras claras esto debes hacer para entender el Medicare:

1. Pide explicación en español porque es algo muy complicado.
2. Entiende que el Medicare por ley le corresponde a los ciudadanos estadounidenses o a los residentes, siempre y cuando hayan trabajado por lo menos diez años y pagado impuestos. No cubre totalmente las visitas médicas, las medicinas, las hospitalizaciones o ciertos tratamientos.
3. El Medicare no es gratis. Durante todo el tiempo

que trabajaste contribuiste al Seguro Social de
Estados Unidos, por lo tanto, una vez que
comiences a usar los beneficios te tocará pagar
un porcentaje que varía de persona en persona, así
que averígualo.

4. Debes familiarizarte con lo que son los planes
   A, B, C, D y Medicare Advantage.

5. Los pagos y beneficios cambian anualmente.

6. El medicare tiene fechas límite de inscripción.

7. Si no te inscribes a tiempo vas a pagar
   penalizaciones que te van a costar dinero de tu
   propio bolsillo.

8. Antes de cumplir los sesenta y cinco años debes
   estar inscrito de manera que puedas comenzar a
   recibir los beneficios exactamente el primer día del
   mes en el que cumples años.

9. Es una buena idea visitar la oficina local del Seguro
   Social para recibir más información. Si tu situación
   económica es difícil, investiga el plan de Medicare
   que te pueden proveer con el mínimo costo
   para ti.

10. Pide el DVD que yo narro para que tus dudas se
    aclaren al 1-800-678-4281. Es gratis y te
    responden en español.

Así que sin más, de pronto pude confirmar que cuando pides,
¡se te concede! Tanto anduve con el chiste de arriba para abajo,
que se me concedió ser de veras ¡la Barbie del Medicare!

Todas podemos ser Barbies

A todas nos sigue fascinando la idea de poder ser alguien atractivo y por quien la edad no pase ni haga estragos tal y como sucede con Barbie la muñeca, que cumple cincuenta años. Cuando hablo de ella no todo es descabellado ni en broma. Hay más de fondo.

Fue creada por el sueño y la perseverancia de una mujer y madre de familia emprendedora llamada Ruth Handler quien, junto a su esposo Elliot y a Harold "Matt" Matson, iniciaron la historia de la compañía Mattel desde un taller en un garage. Ruth Handler quería que en 1958 existiera una muñeca diferente a las que su hija Barbie tenía (y con las que no jugaba mucho). En base a varias ideas e inspirada en una que compró en una feria de Alemania, ella misma diseñó en forma tridimensional a su Barbie. Ruth Handler tuvo que vencer mil obstáculos comenzando con la opinión de su esposo y la del consejo de administración de Mattel que consideraban que el producir una muñeca como la que ella había creado tendría enormes costos y un mercado muy reducido, por lo que no era financiable. Finalmente, su opinión se impuso y logró presentarla en la Feria del Juguete de Nueva York en 1959, convirtiéndose de inmediato en un furor del mercadeo.

¡Tan solo en su primer año de existencia, Barbie vendió 351.000 muñecas!

La historia de constancia y éxito de Ruth Handler, donde si hay piedras en el camino estas no importan porque se brincan o se quitan, donde nunca se acepta una negativa como respuesta, es parte de lo que debe motivarte si quieres ser una Barbie del Medicare.

Es cuestión de actitud

No te dejes vencer porque tienes más canas, porque las arrugas pueden ser surcos, porque la artritis te ataca y deforma tus manos y pies, porque las dietas no te funcionan y has descuidado tu figura. En los peores momentos, piensa e imagínate como una muñeca con la sonrisa siempre en la boca. ¡Por lo menos ríete intentando ser una muñecota!

Que no te importe el calendario. Las muñecas no tienen edad. Cumplir cincuenta, sesenta o setenta no es un pretexto. ¡No lo es! Ahora somos otra generación que, por lo que se te pegue la gana, lucimos diez años más jóvenes. ¿Acaso no has oído eso de que los cincuenta te hacen ver como de cuarenta? Entonces, ¿qué esperas?

Que no te importe la crítica, recuerda lo que Barbie respondería:

Si no me quieren aquí, ¡esta muñeca se va para otra juguetería!

Y para poner punto final...

Una Barbie sabe que todo se le ve bien, que todo le sale bien, vaya, repítete convencida en voz alta:

A mí hasta cuando me va mal ¡todo me sale bien!

Y entonces, siempre que creas esto y tengas cincuenta o más años de edad y no tengas miedo a reinventarte, ¡te habrás graduado como una Barbie! Y a esas, hasta los enemigos las respetan.

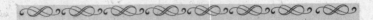

Para recordar...

- Hoy no hay mujer fea, sino mujer con miedo.
- A partir de los cincuenta y sesenta, programa tus ultimas reconstrucciones, después, la cirugía podría ser mas riesgosa... y ya ¿para qué? Componte para disfrutar de la vida.
- Todas podemos ser Barbies del Medicare. La historia de su creadora es una de constancia y éxito. Si tu camino tiene piedras, bríncalas o quítalas, mas nunca aceptes un ¡NO! como respuesta.
- Una Barbie siempre se ve bien. Sabe que todo le va bien y dice: ¡Hasta cuando me va mal, todo siempre me sale bien!
- No dejes que te afecte la crítica. Si no te quieren en un lado diles en voz alta: ¡Esta muñeca se va para otra juguetería!

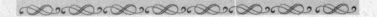

17

A un gustazo ¡un trancazo!

En el primer capítulo te contaba cómo aquel 21 de agosto de 2008 fue el peor día para iniciar una dieta estricta en la que para empezar, para ver al médico, había que viajar a Nueva York. ¿Por qué hacerlo cuando precisamente ese día, a casi 1.300 millas de Manhattan, antes de salir al viaje había puesto final a la relación sentimental que tenía? ¿Por qué hacerlo en esas condiciones? ¡Precisamente por eso mismo! ¿Gorda y fracasada? ¡Nunca! Fue el momento de escoger entre caer del precipicio o volar alto.

Decidí lo segundo y comencé volando en aquel avión que fue testigo de mi angustia, ansiedad y tristeza, pero también de la fuerza de voluntad que me llevaron hasta el consultorio del Dr. Alejandro Junger en Manhattan.

La química tan importante entre un médico que lucha contra la obesidad y su paciente de inmediato se dio entre nosotros, y mientras sus ojos se clavaban en mi maltrecha humanidad de entonces 169 libras, sin embargo supe que estaba frente a alguien que lucharía contra el más grande de mis demonios recurrentes: el sobrepeso.

"No es una dieta que sea sencilla, pero es la más efectiva para lo que tú necesitas", me explicaba el doctor. "Tras muchos años de sufrir los mismos problemas que provoca comer en forma inadecuada, encontré que el paso correcto para iniciar cualquier dieta es aceptar que el intestino juega un gran papel en el metabolismo del cuerpo. En los intestinos es donde verdaderamente se encuentra la mayor cantidad de serotonina del cuerpo, entonces, lo que debemos hacer es, para empezar, una limpieza total de toxinas del organismo".

El intestino, un segundo cerebro

La teoría de Alejandro Junger no es descabellada.

"La serotonina es uno de los grandes neurotransmisores del cerebro, tanto así que los investigadores la reconocen como uno de los responsables de los sentimientos de felicidad y bienestar. Antes se creía que la serotonina sólo se localizaba en el cerebro y, de pronto, nos dimos cuenta de que eso no era del todo cierto ¡porque los intestinos producen la mayor cantidad! El intestino es rico en ella porque tiene una inmensa cantidad de terminaciones nerviosas y no es casualidad que comúnmente tengamos sentimientos de felicidad y angustia o ansiedad que están directamente relacionados con que el intestino nos haga sentir su presencia con calambres, dolores o ruidos. A esto se le llama 'doble cerebro', es decir, el intestino es un órgano inteligente que nos demuestra que juega un papel en nuestras emociones. ¿Qué sucede con las personas que tienen bajo el nivel de serotonina? Que la flora intestinal buena se muere, crece la mala y entonces surgen todos los síntomas de enfermedades como el síndrome del colon irritable. No es descabellado pensar, por lo tanto, que muchas emociones no las maneja directamente el cerebro, sino el intestino que nos está mostrando que tiene una enorme inteligencia que no debemos ni menospreciar ni ignorar. Por eso es que en mis tratamientos de dieta la desintoxicación del intestino y la serotonina son clave".

Corrige tu rumbo

El Dr. Junger no tuvo que decirme mucho más para que yo entendiera que lo único que yo había estado haciendo había sido dañar mi organismo con mi frase clásica después de un buen atracón de comida: "A un gustazo, ¡un trancazo!". Pero a la vez nada era irremediable aunque el proceso no sería fácil porque requería cambios drásticos y estrictos. Como soy una paciente determinada a lograr las cosas, de inmediato pusimos manos a la obra y regresé esa misma noche a Miami cargada con un arsenal de vitaminas y batidos naturales con nombres que nunca imaginé existían.

Adiós a los que se fueron

Como en todas las cosas, revisando la larga lista de alimentos que *no debería comer* en los próximos meses me di cuenta de que tenía que hacer una gran despedida a mis eternos acompañantes de la ansiedad: mis comidas favoritas. ¡Adiós mis bagels y waffles acompañados de fresas! ¡Adiós mis adorados huevos con tocino y pan blanco de las mañanas! ¡Adiós chorizo, salchichas, carnes rojas con antibióticos y hormonas añadidas! ¡Adiós quesos y cremas de mis amores! ¡Adiós todos los enlatados y encurtidos y todo lo que no sea orgánico y por tanto pueda tener pesticidas! ¡Adiós atún por el mercurio que tienes! ¡Adiós azúcar, cafeína, postres y dulces! En realidad, el panorama de esta dieta era tan estricto que no imaginaba cómo iba a ser mi nueva vida sin todos ellos. Armando Correa, mi amigo y el editor de *People en Español*, entró de inmediato en acción.

"No te preocupes que en cuanto tu cuerpo se deshaga de las toxinas, comience el proceso de limpieza y te desintoxiques verás que no necesitas nada de lo que has estado comiendo y que no sólo te ha ido engordando, sino que ha contaminado tus órganos poniéndolos en riesgo de contraer una enfermedad. El Dr. Junger en realidad trabaja haciéndonos entender que nuestro cuerpo es agredido por tanta comida que no se puede digerir porque el organismo no fue diseñado para hacerlo. Lo forzamos tanto que una de las reacciones es la obesidad, esa es la externa, ¿imaginas como estará todo por dentro?"

Armando tenía toda la razón, no en balde era él quien me había ayudado a obtener una cita con el Dr. Junger y, como mi buen amigo, me había apoyado en aquellos tristes momentos del rompimiento amoroso y la dieta. Aquella tarde de agosto de 2008 en su oficina en el rascacielos que domina el corazón de Manhattan, Mandy —como lo llamamos cariñosamente sus amistades— me cobijó y ayudó a desterrar los miedos.

"Quiero que estés muy orgullosa de lo que haz hecho", me dijo. "Seguramente otras mujeres en tus mismas circunstancias dirían, ¡al diablo con la dieta! Y no hay quien las culpe porque quitarse en medio de problemas amorosos todo lo que a uno le ofrece calma, como lo es la comida, no es fácil. Pero creo que es la decisión correcta. Mira, cuando pasen unos meses te vas a dar cuenta de que se te curó el mal de amores… y que luces fabulosa y estás sana. Ese es el verdadero éxito, mi amiga".

Las palabras de Mandy me alentaron a no caer. Pero, entonces, si había renunciado a casi toda la comida, ¿qué debía hacer a partir de ese momento? Bueno, pues si despedí a unos, le di la bienvenida a otros.

Bienvenidos a los otros

A simple vista y para ser sincera la cosa estaba para ponerse a llorar: un promedio de 10 tabletas de vitaminas naturales y 2 batidos de polvos, uno probiótico, otro desinflamatorio con un cañón de nutrientes especiales y uno más para estabilizar el intestino. Para ser sincera el sabor no es malo, aunque ciertamente hay que hacerse a la idea de que no son alimentos "gourmet", pero sí lo mejor para el cuerpo. Con este panorama la única

comida al día ¡sabe a cielo! Y las cosas no son tampoco tan terribles porque, como dice Armando Correa, poco a poco te
acostumbras a comer pescado, ensalada y dices ¡no! a todo lo
demás, hasta que poco a poco, cuando tu organismo esté
saludable el médico te permitirá que empieces a comer otras
comidas.

Date el gusto de llorar

Te va a dar risa esto que te voy a contar, pero siempre que sé que
una dieta está funcionando en mi organismo es porque me ocurre algo especial: hay un momento en que comienzo a llorar de
desesperación. Ese es el llamado de mi cerebro saboteándome
porque sabe que se encuentra a punto de ser dominado por
nuevos hábitos. Así que cuando comienzo a llorar de frustración, es porque todo está trabajando perfectamente allá adentro, por tanto, en este punto me repito: ¿quieres llorar, Collins?
¡Pues llora todo lo que quieras! Fíjate si esto no es una sensación tan conocida por mi cuerpo que si estoy en alguna de esas
dietas peregrinas que emprendo y pasan los días y no me entran
esas ganas de llorar, rápidamente me doy cuenta de que la dieta
no va a funcionar. Y nunca me ha fallado. Con la dieta del Dr.
Junger todo marchó de acuerdo a mis patrones establecidos. En
realidad no me faltaron motivos: una semana y media después
de haber comenzado me solté a llorar como una Magdalena.
Increíblemente, en el medio de la situación, me sentía tranquila
porque sabía que estaba a punto de triunfar.

Sustituye de inmediato los malos pensamientos

La "loquita de mi casa", como siempre le digo a mi mente que nunca deja de pensar, por supuesto que es la primera saboteadora. Con este nuevo régimen naturista de inmediato puse en práctica que los pensamientos negativos debían ser reemplazados por cosas buenas. Así que el "¡pobrecita de mí con esta comida espantosa que tengo que meterme!" o "¿no habrá una dieta mas fácil que pueda seguir en lugar de esta?" fueron sustituidos con frases como ¡Tú puedes! y ¡Esto no está tan malo! En fin, todo fue cuestión de enfocarme y ¡pa'lante!

Si te caes, levántate rápidito

Siempre he pensado que en la vida no es tan importante saber que has caído sino las muchísimas veces que te has levantado. Así me ha sucedido a mí. Tampoco sería justo decirte que no caí durante esta dieta. Me fui de vacaciones a Ohio con mi hija Adrianna, fui a México a giras para promocionar mis libros, comencé a escribir este libro y todo eso unido a una gran cantidad de estrés fue lo que me hizo recaer. De inmediato, también sobrevinieron los mismos malestares: hinchazón, malestar estomacal, ruido en los intestinos, dolor en el estómago y todos los demás síntomas asociados con la obesidad, además del enorme cargo de conciencia por romper un compromiso. No me duró mucho, quizá una semana donde en realidad lo que mi cuerpo me pedía a gritos era regresar al régimen saludable. Y así lo hice.

Pide perdón hasta por
lo que no hiciste

Siempre cualquier mal hábito que produce vicio, como las drogas, el alcohol o la dieta, te cobra una factura que es cara. Regresar a ella derrotado significa un doble reto. Cuesta hacerlo, pero vale la pena porque significa vencerte a ti mismo. No fui la excepción, pero el Dr. Junger siempre tiene a mano la solución, aunque esta vez parecía más rígida que la anterior porque en realidad mi cuerpo se había deteriorado más. La voz de Alejandro Junger no anticipaba nada bueno el día que me llamó con los resultados del minucioso examen de sangre que me había ordenado:

"Quisiera decirte otras cosas pero la realidad es que hay varias situaciones que me alarman. Hay niveles altísimos de colesterol, falta de vitamina D3 y otras condiciones que me preocupan porque en muchas ocasiones si no se toman precauciones eso podría llevar a graves enfermedades. Para empezar, los próximos días van a ser de jugos especiales de vegetales verdes y nada más. Ve al mercado y compra todo lo verde que veas. Haz el jugo disfrazando el sabor quizá con alguna manzana, pera, zanahoria, pero ¡hazlo MAC que no estamos jugando!"

El tono y la actitud del Dr. Junger me preocuparon a tal

grado que, a pesar de que casi era la hora del cierre de las tiendas, acompañada por Ivonne Fiad, como bólidos entramos a una. En qué forma lo habremos hecho que los empleados temían que se tratara de un par de asaltantes furtivas. Llegamos, tomamos el extractor de jugos más grande, lo pagamos, fuimos al mercado, compramos los vegetales y de regreso para la casa para comenzar lo más pronto posible el tratamiento. Es decir, me dispuse a portarme bien porque no tenía otra opción y a pedir perdón hasta por lo que nunca hice.

¿Sabes si tienes *Helicobacter pyloris?*

Junger me había encendido las alarmas. Tendría que tomar baños de sol diarios para elevar la vitamina D3 ya que tenía mis músculos y huesos con un dolor constante, pero había más por qué temer: las molestias estomacales. Tenía permanentemente una terrible acidez para la que los médicos me habían recetado hacía casi un año potentes antiácidos. Sólo así podía estar tranquila. El dolor intestinal y los ruidos imparables, como si tuviera dentro una pelea de perros y gatos, que eran síntomas del síndrome de intestino irritable, habían aumentado en forma alarmante. Lo que yo pensaba que era un mal crónico desembocó, luego del examen de sangre, en algo totalmente diferente: la presencia con niveles altísimos de la bacteria *H-Pyloris.* ¡En realidad esa era la razón de la acidez y demás molestias! ¿Cómo curarla? Ese fue el gran problema porque usualmente el tratamiento indica fuertes dosis de antibióticos durante quince días para erradicarla temporalmente lo que daña la flora intestinal, pero el Dr. Junger primero recurrió a la curación con los jugos verdes y después al tratamiento convencional. ¡Mi vida tuvo un cambio notable a los tres días de tomarme aquellos remedios! Nunca jamás imaginé que la *Helicobacter Pyloris* fuera la culpable de todos los síntomas estomacales que me aquejaban por años, pero es algo que sucede comúnmente porque las consecuencias que produce pueden confundirse principalmente con el síndrome del colon irritable. Así que, si tienes síntomas como los míos, o falta de energía, migrañas, fatiga, depresión, ahorra tiempo y dinero y pregunta a tu médico por la *H-Pyloris*, y probablemente acortarás el camino. Lo importante es encontrarla en tu cuerpo y eso sólo se logra a través de un minucioso examen de sangre. Recuerda la principal advertencia: pudiste haberla contraído desde la niñez y permaneció ahí incubando hasta la edad adulta, pero una vez desarrollada y sin atenderse, la *H-Pyloris* podría llegar a producir cáncer estomacal.

Y algo más que tiene que ver con la serotonina para que recuerdes su papel en tu organismo y que además muestra que el Dr. Junger no está solo en la afirmación de que es una sustancia química muy importante para otra parte del cuerpo como son los huesos. Un estudio publicado el 27 de noviembre de 2008 en el diario *New York Times* afirma que la serotonina juega también un papel primordial en el desarrollo de la osteoporosis que afecta a más de diez millones de estadounidenses con más de cincuenta años de edad. La explicación de este suceso es fácil de entender: quienes tuvieron mutaciones en la densidad ósea tenían bajísimos niveles de serotonina en la sangre, lo que muestra a los científicos que es uno de los componentes espe-

ciales que controla la formación de los huesos y que la serotonina que protege a estos es la producida en el intestino.

¿Y ahora qué?

Con este panorama no sólo de mi vida exterior sino también
del interior fue que me decidí a iniciar la reinvención de mi
cuerpo. Ha costado trabajo, pero el Dr. Junger a larga distancia
me ha ido guiando tal y como lo hace con las pacientes famosas
que atiende. Es mi gurú telefónico, un gurú que muestra sus
emociones y que cada vez que llegamos a una nueva meta, grita
de gusto y me felicita. Con él me he comprometido a no agredir
mi cuerpo con más comida que me intoxique y a algo más: a no
comer por gusto bajo el pretexto aquel de ¡a un gustazo… un
trancazo!

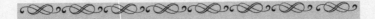

Para recordar...

- Tu organismo no fue diseñado para ingerir alimentos tóxicos diariamente.
- El intestino produce la mayor y mejor cantidad de serotonina, pero debe estar libre de toxinas.
- Si baja el nivel de serotonina del intestino, crece la flora mala que mata las bacterias buenas y se desarrolla el síndrome del colon irritable entre otras condiciones médicas.
- La bacteria *H-pyloris* puede contraerse en la niñez y desarrollarse en el estómago hasta la etapa adulta. Sin control puede llegar a producir cáncer.
- Los síntomas de la presencia de *H-pyloris* pueden confundirse con los del colon irritable y con acidez y reflujo gástrico.
- No puedes aceptar que con la comida tu relación sea: ¡a un gustazo, un trancazo!

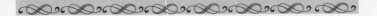

18

Es hora de vencer el ADD y ADHD

La cita médica aparentaba ser de lo más normal. Tres días antes había llegado a Lancaster, Ohio, a casa de Adrianna, mi hija mayor, para pasar con ella unos días de descanso. No vi nada de extraño en que Adri me pidiera que la acompañara al médico que la estaba atendiendo y que tanto bien le había hecho. Mi hija no me dio mayores detalles del por qué ir a Columbus a ver a ese doctor en especial hasta que ya dentro de la oficina me dijo que el médico quería hablar conmigo, y la plática fue de lo más interesante y provechosa para ambas.

"Quería decirle que hace unos meses diagnostiqué a Adrianna con ADHD o Síndrome de Déficit de Atención e Hiperactividad", me explicó el doctor. "A partir de entonces ha estado bajo medicación y tan importante como el tratamiento para ella... es un tratamiento para usted".

De pronto, como decimos en México, me calló el veinte encima y me di cuenta de que aquella cita más que para la hija ¡era para la madre! Pero contrario a lo que se pensara, ni me alarmó ni me provocó rechazo sino todo lo contrario. Aquella cita era un alivio para mi vida, aunque lo único que en ese momento comencé a sentir fue una gran culpa por lo que significaba para Adrianna y quizá para Antonietta también, ya que durante toda mi vida padecí de ADD y nunca recibí tratamiento alguno, así que tal vez lo heredaran de mí.

Viviendo con ADHD

Fui una niña hiperactiva pero controlada. No sé quién me controló, si fueron el tiempo y las circunstancias o la falta de dinero. Durante mi niñez en la década de los cincuenta y sesenta no existían niños hiperactivos sino niños que en la escuela se portaban mal, no prestaban atención, se paraban constantemente de su asiento, platicaban en las clases sin hacer caso a los maestros, y niños a quienes corregían sin complicaciones: una mirada de los padres, un pellizco, un pescozón, una nalgada, una buena pela y nada más. Santo remedio para los males. O te enderezabas o tú veías que hacías.

No había por lo tanto información ni derechos de ningún tipo, ni ninguna línea 1-800-abuso-infantil a donde reportar nada, ni policía que fuera a detener a padres y abuelos que corregían con golpes a los muchachos, ni médicos especializados ni mucho menos medicina que permitiera controlar a los terribles y mal portados. Todo era más sencillo que en este siglo XXI.

En la década de los cincuenta y sesenta principalmente, aquellos que eran tremendos en la escuela, también solían ser niños y niñas inteligentes. Podían hacer dos o tres cosas a la vez. Si hablaban con sus compañeros de clase mientras la maestra impartía la clase, generalmente cuando esta se daba cuenta y los cuestionaba delante del salón sobre el tema que estaba tratando, siempre sabían responder correctamente porque funcionaban a varios niveles al mismo tiempo. Sin embargo, si el tema era de su agrado, entonces no había poder humano que los distrajera.

Yo fui una niña de esas, pero también sufría porque mi cerebro no paraba de pensar en cosas. Tuve la enorme fortuna de que ya más tarde (ya a mediados de la década de los 80), por curiosidad comencé a investigar el por qué de muchas situaciones que vivía a diario y que, mientras me permitían muchos logros, a su vez me agobiaban enormemente. Así fue que durante mi tiempo de corresponsal de Televisa en California un médico me diagnosticó con ADHD. Por eso era que hacía tanto y a veces no me alcanzaba el día para todo, eso también se debía a que en múltiples ocasiones no podía enfocarme en una tarea y la dejaba a medias para comenzar con otra y otra, en una interminable cadena de cosas sin concluir. Pero debo aclarar que siempre fueron cosas de mi vida privada, tareas de la casa, situaciones que debía resolver, nunca jamás en el plano profesional donde por el contrario era la primera en cumplir con todo y hasta más de lo que me pedían o esperaban de mí como reportera. Esa es la muestra clara del ADHD.

Cuando el que lo sufre tiene interés en algo, como era mi caso con mi trabajo de periodista que amo intensamente, entonces no hay nada que te detenga para hacerlo, pero ¡ay de lo que no te interesa y te aburre! Porque de inmediato pierdes la atención como me sucedía con las matemáticas a las que aborrecía profundamente.

Fue tal mi miedo ante las tareas que dejaba inconclusas, que el día que quedé embarazada de mi primer hija, uno de los pensamientos que constantemente me acompañaba era: ¡Por lo menos este proyecto sí que lo voy a terminar!

Ese era el grado de conciencia que siempre tuve de mi ADHD. Siempre supe que existía, pero nada más, ni hablar de las consecuencias en el futuro.

Cuando me lo diagnosticaron, de la misma manera que me dieron la mala noticia me dieron la solución: "No queremos que se sienta alguien 'anormal' porque una de las buenas noticias es que quienes padecen ADHD generalmente son personas extraordinariamente inteligentes que podrán hacer una vida normal siempre y cuando enfoquen sus actividades con terapias. La otra buena noticia es que usted tiene un ADHD de conducta positiva, el otro tipo es el que tienen personas que constantemente están saltando de un sitio a otro, son incontrolables, pasan de un estado de ánimo de felicidad súbita a uno de depresión, o se ríen o están sufriendo. Una gran mayoría tiende al uso de las drogas ilegales, abandona casa, familia, nunca tiene dinero porque no sabe en qué lo gasta y sobre todo pierde los trabajos fácilmente porque no cumple y deja tirado cualquier proyecto que inicia".

¡Bendito sea Dios que fue generoso con mi ADHD! Porque en realidad soy todo lo contrario a los que dejan todo botado. Soy obsesiva de cumplir lo que se me encomienda y hacerlo mejor que nadie, antes que nadie, sin molestar a nadie y, sobre todo, soy una persona totalmente responsable. Es más, en ocasiones demasiado responsable, tanto que serlo me produce una presión inmensa que desemboca en angustia y ansiedad. Por todo lo anterior fue que decidí que si yo estaba en esa situación y no había medicinas, entonces tendría que recibir la terapia que me enseñara a vivir con el ADHD y que me permitiera utilizar las fuerzas para triunfar. Así que "terapia" fue la palabra que me acompañó por un tiempo mientras decidí controlar al ADHD porque entonces las medicinas para el síndrome estaban en pañales.

Como aquello me fue diagnosticado en mis primeros años en los Estados Unidos y no había dinero, pues mi sueldo me alcanzaba lo justo para mantener a mis padres y a mi familia, ni seguro médico, mi único recurso fue un sicólogo amigo en San Diego donde yo vivía. Ahí, aquel médico con más inteligencia que recursos me dio las armas más importantes para quien tiene ADHD: cómo lograr organizar cada día y enfocarme en una sola tarea a la vez.

Síntomas

Trabajaba en el *Noticiero 24 HORAS* de Jacobo Zabludovsky, escribía para la revista *¡Siempre!* y también lo hacía para el diario mexicano *Novedades*, ¡esto además de ser madre de dos hijas! ¿De dónde sacaba la energía para hacerlo? La respuesta era: ¡de mi ADHD desconocido que tenía a mi pobre cerebro trabajando como una máquina sin detenerse y a mi cuerpo andando como auto con poca gasolina!

La pregunta más común cuando explico estos síntomas es: "Así me siento yo, pero ¿cómo sé si tengo ADHD?". Sólo un profesional puede determinarlo pero, a continuación, comparto contigo un autoexamen que te puede orientar:

1. ¿Cuán seguido no terminas un proyecto luego de que has completado las partes que te retaban?

2. ¿Cuán seguido tienes problemas para hacer algo que requiere organización de tu parte?

3. ¿Olvidas a menudo citas y tareas que tienes la obligación de resolver o hacer?

4. Cuando tienes un trabajo que hacer que requiere de tu concentración, ¿que tan a menudo evitas lo o te demoras para comenzar a hacerlo?

5. Cuando estás sentado por largo tiempo, ¿comienzas a mover las piernas o las manos aburrido?

6. ¿Cuán seguido te sientes abrumado o empujado a hacer algo por compulsión como si fueras una máquina que no se detiene?

Sólo tu medico o proveedor de cuidados de salud te podrá orientar sobre si tienes o no ADHD basándose en los síntomas que hayas presentado por lo menos en los últimos seis meses y brindándote otros exámenes con decenas de preguntas.

¿Cómo se controla el ADHD?

Para empezar, hoy el Síndrome de Déficit de Atención e Hiperactividad en adultos y sus variantes es médicamente tratable. ¿Me atiendo o no? Es una decisión que tú mismo puedes tomar. Casi todos los seguros cubren este tratamiento y sus medicinas. ¿No tienes ni seguro que te cubra ni dinero para un tratamiento pero tu condición es el ADHD constructivo como el mío? Entonces aquí te daré algunos datos que podrían ayudarte:

I. Al levantarte o en el camino al trabajo (siempre y cuando no seas tú quien maneja) o al llegar, haz un tiempo pequeño —usualmente toma unos minutos— para escribir en una lista los pendientes para el día. Anota todo, por más pequeño que sea. Nunca dejo de hacerlo. Si no lo hago, mi día se vuelve un desastre.

   La lista de pendientes del día es a la vez un recordatorio para organizar el día y también un estímulo que te premia al final de la jornada para que sepas cuántas cosas pudiste hacer sólo con la determinación y el empeño que pongas. A las personas que tenemos ADHD nos estimula enormemente el premio de ver en la lista las tareas tachadas que hemos cumplido en ese día y ver que organizándonos cada día nos puede ser de muchísimo provecho.

2. Obsérvate para que puedas distinguir la sensación de pérdida de la concentración. Cuando poco a poco te acostumbres a identificar el momento en que pierdes la atención y te comienzas a distraer pensando en varias cosas a la vez, entonces tú mismo podrás ponerte un alto repitiéndote con voz fuerte: "Enfócate". Ya verás que con la práctica esto hace una gran diferencia.

3. Cuando te sientas eufórico, que es una sensación que a menudo acompaña a quienes tienen ADHD, trata de relajarte y recordar: eso es sólo una sensación que tan pronto como llegó se irá. Utiliza la técnica para cuando sientas un sentimiento de tristeza o quizá hasta de abandono.

4. Fija metas y planes a muy corto plazo. Organiza lo que podrías llegar a hacer la semana entrante o en dos o tres semanas, pero nunca más allá de un mes hasta que te acostumbres a organizarte. De otra forma te irás abrumando y llenando de angustia.

5. Identifica la sensación de angustia y ansiedad para que puedas controlar las consecuencias que te produce: la angustia de recibir llamadas por el celular y no poder responder de inmediato, la ansiedad por revisar tus correos electrónicos o concretar algún negocio o una cita. Estas son sólo algunas de las situaciones que disparan los síntomas. Levántate un momento de tu asiento,

respira hondo y ponte a razonar: ¿Por qué me siento así? ¿Qué fue lo que lo provocó? Al igual que la lista y los otros ejercicios, conforme vayas poniendo en práctica estos pequeños consejitos, tú verás que cada vez que tengas angustia o ansiedad tú mismo vas a rechazar esos pensamientos porque los habrás identificado como parte de tu cerebro que no deja de trabajar y trabajar sin darte un descanso.

6. Hay alimentos que disparan la ansiedad y demás consecuencias en el ADHD. En mi caso son todos aquellos que contienen azucares y harinas y que me meten en un círculo vicioso de no parar de comerlos a pesar de que me producen un malestar estomacal intenso. He identificado algunos postres y golosinas como por ejemplo los Jelly Beans ¡de los que soy capaz de comer de una sola sentada dos libras! Dos libras de esta golosina son dos libras de azúcar en mi sangre con la consecuente reacción de ansiedad, angustia, descontrol y todo lo demás. Por eso es importante que observes tu cuerpo y cómo asimila azúcares, harinas, refrescos, postres, en fin, que sólo tú puedes dar la medida correcta.

La ciencia médica ha avanzado considerablemente

Lo anterior que te he explicado de ninguna manera reemplaza ningún tratamiento médico. La ciencia médica tiene hoy en día opciones para todos los tipos de ADHD y sus derivados. Las medicinas vienen en dosis para chicos y grandes, pero hay que ser claros. Estos medicamentos deben ser recetados únicamente por un especialista quien los prescribe luego de un examen médico hecho cuidadosamente, generalmente por un siquiatra. Es importante que se hable con el médico sobre la efectividad de las medicinas, el tiempo en que deben ser utilizadas, las reacciones secundarias, y que no quede duda alguna entre paciente y médico.

El ADHD se hereda

Cuando me diagnosticaron con el Síndrome de Déficit de Atención e Hiperactividad nunca imaginé que quizá la peor de las consecuencias no era lo que yo estaba sufriendo, sino algo en lo que yo no tendría el control: ¡que yo le transmitiría esa misma condición a mis hijas! Y desgraciadamente así fue.

Adrianna, ya adulta, buscó ayuda y de inmediato al detectarle el ADHD el médico le explicó que la condición era heredada de su madre y que yo debería recibir tratamiento. No tuve tiempo de hacerlo por mi mísma hasta que de visita en Ohio mi hija mayor no aceptó un no por respuesta, me subió a su auto y nos fuimos a la consulta del médico.

Pero basta de hablar de mí porque de una manera u otra he ido saliendo al paso con mi ADHD, sin embargo, de quien estoy muy orgullosa es de Adrianna quien se ha convertido en una adulta responsable. Dejó atrás la etapa de lo que hoy sé que fue una niñez y adolescencia con una profunda rebeldía y que no era otra cosa que una vida dominada por el ADHD, que no le permitía enfocarse correctamente en su futuro, pero como siempre he pensado que en la vida todo puede remediarse mientras haya vida, pues nada, la veo como nunca antes: muy dedicada a su esposo, a su casa, a su trabajo, a su persona, y me siento muy orgullosa de ella.

El ADHD en la vejez

De acuerdo a lo que el médico nos explicó el Síndrome de Déficit de Atención e Hiperactividad en los adultos se va haciendo más profundo conforme pasan los años. De no atenderse debidamente y de agravarse los síntomas, siempre existirá el riesgo de que se complique con enfermedades mentales más complicadas como podría ser el caso del síndrome de bipolaridad. Por esta razón, la solución no es dejar las cosas como están, sino tener una mejor calidad de vida. Como adulta es mi responsabilidad llegar a mis años de vejez con una salud mental estable, solo que para eso, habiendo sido diagnosticada con ADHD hay que trabajar sin tenerle miedo a la palabra.

Así que si tu caso es como el nuestro y sufres del Síndrome de Déficit de Atención e Hiperactividad que existe entre las mujeres de mi familia, no te espantes, enfrenta el reto. Decide cuál tratamiento vas a seguir ¡y síguelo!

Si son tus medicinas, tómalas a tiempo, sin dejar pasar una sola. Si es terapia, organízate y disciplínate y verás que el resto lo hacen las buenas costumbres. Evalúa lo agobiante de sentirte todo el tiempo como una máquina de ferrocarril a mil por hora y en muchas ocasiones sin control y sin fuerzas para seguir ni poder parar. Piensa en lo difícil de sentir permanentemente ansiedad y angustia.

Imagina una vida disciplinada donde puedas realizar todas tus metas sin la presión que te aniquila por el estrés, y todo esto al alcance de tu propia y única decisión de controlar el ADHD. Nuestra vida cambió notablemente desde que decidimos que sólo en nosotras estaba la solución del problema por algo muy sencillo:

¡No hay mal que dure cien años. . . ni enfermo que lo resista!

Para recordar…

- Las personas con ADHD son extraordinariamente inteligentes y pueden llevar una vida normal siempre y cuando enfoquen sus actividades con terapias y medicamentos.
- Tu primera tarea del día deberá ser una lista para enfocarte en las tareas pendientes que tienes que realizar.
- Aprende a conocer lo que te desconcentra fácilmente para que aprendas también a evadirlo.
- Fija metas y planes a corto plazo. Quienes tenemos ADHD sabemos que sólo así podemos triunfar en lo que nos proponemos.
- Las azúcares y harinas disparan la ansiedad en quienes tenemos ADHD.
- El ADHD se hereda. Si tienes hijos que repiten tus patrones de conducta infantiles, podrían tener esta condición. No los castigues injustamente sin saber si su conducta es producto de la malacrianza o de lo que tú mismo padeces.
- El ADHD en la vejez puede convertirse en algo severo si no se trata a tiempo. De acuerdo a estudios médicos la salud mental se ve en riesgo

porque puede derivarse en el síndrome de
bipolaridad.

- Vivir con el ADHD no es el fin del mundo. Es
  cuestión de enfrentar el reto, seguir tratamientos
  y disciplinarse.

19

Cierra tus ciclos pendientes y haz lo que te dé la reverenda gana

¡Ahhh! Mira que muchas veces me lo pregunté y mi respuesta era la misma: no puedo hacer mucho. ¿Por qué? Porque no tengo tiempo por el trabajo, porque no me alcanza el dinero, porque tengo dos hijas que mantener, porque me importa lo que piensan todos a mi alrededor. No puedo hacer lo que me da la gana porque prefiero ser del comité de bienvenida, es decir, la buena, la que está siempre sonriente, en lugar de dejar que los demás piensen lo que quieran de mí. Por estas y muchas razones no había decidido que mi vida diera el giro que finalmente a los cincuenta y seis años de edad dio: comenzar a vivir por mí, para mí y sin que los demás me hicieran desviar mi rumbo. ¿Por qué este cambio ahora? ¡Porque no me da la gana seguir complaciéndolos a todos y dejar de cuidar de mí misma! Si no me cuido yo, no me cuidará nadie.

No me di cuenta de cuánto había avanzado hasta que un día comencé por lo que nunca hubiera imaginado, ¡irme sola a un crucero por el Caribe para poder escribir este libro! Ni en mis sueños más guajiros lo hubiera imaginado, pero así lo hice y sin pensar: "Ay, ¿qué dirán de mí? Pueden decir que estoy loca o que voy con alguien". ¡Pues que piensen lo que se les pegue la regalada gana y que hagan las conjeturas que se les antoje!

Vanessa mi asistente ni siquiera se espantó cuando le pedí que me hiciera una reservación.

"¿A dónde y cuándo?", me preguntó.

"¡Donde sea!", le respondí. "Y la fecha, para mañana mismo si es posible. Tres días después me estaba embarcando por primera vez en la soledad de un camarote con vista y terraza al mar, para encerrarme conmigo misma a terminar este libro y cerrar un ciclo de mi vida.

La importancia de cerrar los ciclos

No me di cuenta de que con ese viaje, no sólo me estaba probando que ya estaba lista para hacer lo que me viniera en gana sino que había otro significado más profundo del que Catriel Leiras fue el primero en darse cuenta.

"Estás cerrando completamente el ciclo de muchas cosas que en tu vida estuvieron pendientes durante los últimos tres años. ¿Ya se te olvidó que el mismo día en el que Fabio se quedó paralítico se iban a ir a un crucero para que descansaras un poco? ¿Se te olvidó que tuvieron que cancelar ese viaje que nunca más pudieron hacer juntos y que él quiso regalarte, y que además te estuvo esperando dos años hasta que decidiste hacerlo?"

Se me puso la piel de gallina al recordar eso. ¡Era cierto! Subirme a ese barco para convivir "con la loca de la casa", es decir, estar a solas con mi mente que no para de ordenarme cosas, era la última puerta por cerrar de esa larga cadena.

"Ahora lo que queda", me advirtió Catriel, "es que entiendas que después de esto ya te encontrarás lista para los cambios que vienen a tu vida. Sólo es cuestión de que te sientes a trabajar por ellos y a esperarlos".

Que cierres los ciclos pendientes de tu vida es lo mismo que tú quizá necesites hacer en un momento de tu vida para poder avanzar, por lo pronto, inténtalo, que si no te afecta en nada, tampoco te hará mal. No hay riesgo alguno, sólo beneficios.

Mira cuántas cosas he hecho para cerrar mis ciclos incompletos: para empezar, y perdón por la redundancia, he comenzado con las cosas de mi niñez. Me propuse estudiar piano clásico para estudiar todas las piezas que dejé inconclusas, ¡cuarenta años atrás! Esto me atormentaba por no haberlo podido cumplir y ha sido una satisfacción enorme lograrlo. Me sometí también a una segunda cirugía plástica de abdomen porque la primera no había quedado bien del todo debido a una infección viral que Fabio me contagió con un catarro que tenía al día siguiente de la cirugía. Cuando mi médico Brad Herman me dijo que deberíamos hacerla nuevamente era el peor tiempo de la enfermedad de mi esposo, ¡entonces sí que ni soñando me metía en un quirófano para remediar una vanidad! Tuvo que pasar un año después de que él muriera para volver a operarme y cerrar también aquel "archivo" pendiente. Esto terminó con mi malestar cada vez que estaba frente a un espejo porque no me gustaba cómo lucía mi abdomen. Entonces, me armé de valor, lo hice y quedé de lo mejor, gracias al valor y al doctor Herman.

¿Ves? La primera cosa que uno hace porque se le da la gana es comenzar a cerrar los archivos pendientes del pasado que te están molestando en el presente. En el caso de la operación me pude haber quedado eternamente quejándome conmigo misma o por el contrario, dar el paso que finalmente tomé: armarme de valor e ir a operarme para verme mejor, y eso es un triunfo sobre ti mismo o misma que disfrutarás enormemente.

En el crucero que tomé intempestivamente no hubo un solo momento en el que me quejara, me sintiera sola o me preguntara, ¿qué hago aquí cuando todos a mi alrededor tienen pareja? ¡No! Por el contrario, fue importantísimo para comprender que he comenzado a vivir conmigo misma en una gran armonía, y que no me importa responderle a nadie lo que siento. Así, cada vez que maliciosamente me sonaban la gastada preguntita, "Pero, ¿cómo? ¿Viajando sola? ¡Ay, pobre! ¿No se siente mal?", me encantaba dar mi respuesta irreverente:

"Viajo sola porque me da la gana y me siento requete feliz. No hay nadie que me moleste. Desayuno, como y ceno a la hora que quiero y hago lo que yo y sólo yo quiero hacer. No tengo que ir a ninguna excursión de esas que ofrecen. Me encanta ver el mar y sentirme relajada en lugar de estar haciendo todo por complacer a quien venga conmigo. No me he vestido de *cocktail* para ir a ninguna recepción y mi mejor acompañante soy yo misma, o sea, ¿sentirme mal por no tener en este viaje a alguien junto a mí? ¡No hombre! Despreocúpese que creo ser la persona más feliz que hay en este barco".

La gente a la que le tocó la respuesta probablemente pensó que yo era una loca desquiciada (además de una loca bastante maleducada), pero también les respondí así por metiches y, a fin de cuentas, lo hice *porque pude, porque quise y porque me dio la gana*, y también por algo más: porque aquellas americanas que sabe Dios de dónde eran ni me conocían, ni yo las conocía y no nos íbamos a ver nunca más, jijijijiji. ¡Tampoco estoy tan loca como para andar contestándole así a mi público!

Pero vaya, este es un ejemplo de lo que puedes hacer para comenzar a liberarte de las cosas que, aunque no quieras, tienes que hacer.

Aprende a vivir contigo mismo

El viaje en el barco también fue mi gran prueba de fuego y me sirvió para poder distinguir la nostalgia de la necesidad. Fabio era arquitecto naval y a menudo entre nuestros numerosos viajes juntos tomábamos cruceros por todas partes. Gozaba de lo lindo adivinando la construcción de cada barco en el que nos subíamos y yo era muy feliz aprendiendo cosas de él que de otra forma nunca hubiera llegado a saber. Un año antes, este viaje hubiera sido dificilísimo de hacer no sólo porque él recién había muerto, ¡sino porque yo no estaba curada! En esta ocasión las cosas fueron totalmente diferentes. Sentarme sola a comer o cenar y recorrer el barco me hizo recordarlo pero no con tristeza ni dolor, sino con nostalgia. A menudo me encontré diciéndome: "Fabio hubiera pensado esto o lo otro. Aquí se hubiera reído a carcajadas". Pero estos pensamientos no ocuparon todo mi tiempo, sino únicamente un pequeño espacio; aquel espacio que me permitió sentirme bien ¡sin llorar!

Esa es la gran diferencia entre la nostalgia y la necesidad. Fabio siempre va a estar en mis recuerdos con nostalgia, pero ya no lo necesito para seguir viviendo, y este viaje realmente sirvió para cerrar el último ciclo.

Y ahí en medio del mar Caribe que tantas veces nos vio felices disfrutando de él, ahí decidí cerrar mi último archivo abierto del dolor.

Ahora, ¡todo para adelante! Así que mírate en mi espejo y comienza a cerrar tus ciclos abiertos. ¿Te falta decirle algo a una persona y no te atreves a hacerlo? ¿Quieres concluir los estudios que dejaste abandonados? ¡Manos a la obra que hay que terminar lo inconcluso!

Ah, se me olvidaba decirte cómo terminó la historia del barco. Me desembarqué al finalizar el crucero sintiéndome más feliz y libre que nadie porque había aprendido bien la diferencia entre la nostalgia y la necesidad, al tiempo que vencí mi miedo a la soledad. Esa nunca más volverá a hacerme su víctima constante aunque yo no tenga a una pareja sentimental a mi lado.

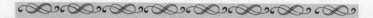

Para recordar...

- Cierra todos tus ciclos que han quedado pendientes.
- Los ciclos son de todo tipo y son intemporales. Pueden ser de tu niñez y de cosas sencillas y complicadas.
- Cerrar un capítulo de tu vida te enseña la diferencia del querer hacer y del poder hacerlo.
- Cerrar los libros abiertos de tu vida es parte de hacer cosas ¡porque te ha dado la gana! para sentirte mejor en todos los aspectos de tu vida.

20

¡Viejas, ricachonas
y felices!

"*Llórate* viejo, pero nunca te llores pobre, viejo y solo". Esa es una de las mejores frases que he escuchado para evitar llegar a la vejez siendo un estorbo para los hijos o vivir lamentando estar abandonado. La frase es de alguien que hasta el último minuto de la vida supo muy bien lo que eran los seres humanos a su alrededor, y lo que hubiera sido su propia vida si no la hubiera organizado tan extraordinariamente como lo hizo. Ese gran ser humano fue Rosita Rappoport, la madre de Mauricio Zeilic. Rosita tenía joyas espectaculares y la fortuna que amasó fue producto de su esfuerzo, de su intuición para los negocios, de no dejar que nadie extraño a ella y a su hijo manejara su dinero y, sobre todo, de una extraordinaria planeación de su futuro.

Todavía más importante aun: puso en práctica su organización financiera cuando no existía nada de la asesoría económica que hoy se encuentra disponible por todas partes. Toda era conocimiento innato.

"Mi mamá sabía perfectamente en qué gastar y cuándo gastarlo", me ha dicho siempre Mauricio Zeilic. "Vivió la Segunda Guerra Mundial y en medio de aquella crisis fue tan pobre que incluso llegó a buscar comida en los latones de basura. Eso te deja un sentido muy importante de lo que tienes que hacer en la vida. Yo no boto comida y guardo lo que no se tocó para darlo de inmediato a personas que lo necesitan, eso es parte de la herencia de ella. Nunca jamás botar ni comida ni dinero".

La historia de Rosita Rappoport es rica en lecciones: no sólo su planeación le permitió vivir una vejez con clase y glamour. Vivió hasta el final en un apartamento bellísimo de una exclusivísima zona de Bal Harbor, Florida, a diferencia de muchas otras personas que no piensan en el día en que sean viejos y esta etapa los atrapa sin dinero. Con la madre de Mauricio sucedió todo lo contrario.

Mauricio la tiene presente en cada una de sus pláticas. Es común escucharle decir: "Mi mamá me hubiera advertido de fulano o zutana" o "Mi mamá siempre hizo tal cosa" o "Mi mamá jamás hubiera tomado esa decisión". Seguramente desde donde se encuentran ella y su esposo, están felices de ver cómo su hijo, sin importar si pasa solo o acompañado por el hospital donde ellos fallecieron, siempre se detiene para rezar por ellos un momento.

Así quiero ser yo en todos los aspectos. Vivir como Rosita y que mis hijos me recuerden como Mauricio la recuerda a ella.

¿Qué hacer entonces? PLA-NEAR. Así de sencillo. Pero hacerlo en verdad.

Con dos de mis amigas, Chata Tubilla y Angie Artiles, siempre hablamos de eso y se ríen a carcajadas cuando les digo que nosotras tenemos que tener una casa con un portal y unas mecedoras afuera para sentarnos a tomar el fresco y esperar ahí todas glamorosas a que nos lleguen los cheques del seguro social mientras gozamos de lo lindo viendo lo que pasa alrededor, es decir, ¡ser viejas, ricachonas y felices! Creen que es un chiste, ¡pero no hay nada más verídico!

Entonces, ¿qué tienes que hacer para que esto ocurra?

Por principio no te cierres a la realidad de que tarde o temprano te harás viejo o vieja. Eso nos pasará a todos. Por lo tanto, planea porque sino no tendrás el ingreso que tuviste y que te dio un nivel de vida al que te acostumbraste y al que no quieres renunciar. Organízate, así no terminarás andando por la vida llorando escasez.

Tan pronto como tengas treinta o cuarenta años tienes que empezar a pensar en la jubilación. Mientras más joven estés, mejor. Invierte en los planes de jubilación que te brinda tu trabajo, abre un IRA y deposita dinero ahí todos los meses, haz un plan de ahorro, lo que sea para que cuando llegues a la edad de jubilarte estés cubierto y puedas mantener tu estilo de vida y terminar tus días feliz y tranquilo. Para lograr esto, también debes ponerte como meta tener tu vivienda propia, sin deuda, que sea ya 100 por ciento tuya, así evitarás un gasto más y podrás vivir tu sueño americano.

¿Cuándo empieza el sueño americano?

Para millones, el día en que verdaderamente tienes tu casa propia es cuando sentirás que estás viviendo el sueño americano. La debas o no. Me choca la cursilería de la palabra "sueño americano", pero la realidad es que tener tu casa propia sí que lo es. Aunque para que ese "sueño americano" no se te convierta en "pesadilla" cuando estés jubilado, tienes que tener mucho cuidado al planear lo que vas a hacer.

Muchos me preguntan y algunos, dos o tres tontos, me han criticado porque en la última década no he seguido el paso de otros que apenas tienen tres centavos de más, salen corriendo a comprarse otra casa más grande, más costosa, por supuesto, más bonita, en otra zona de Miami y todo, ¿para qué? Para mostrarle bonanza, ¿a quién? Siempre me rehusé a hacerlo y con la crisis económica de 2008 muchas veces me alegré de no haber caído en la tentación.

Estuve a punto de comprarme la casa de mis sueños pero decidí entonces no hacerlo por asunto de matemáticas. Cuando sobrevino la crisis hipotecaria di mil gracias de no haberlo hecho. En lugar de eso, remodelé mi casa de la última década, donde vivo feliz junto a mis mismos vecinos que están pendientes de mí, con las facilidades que necesito a no más de diez minutos en auto, y ¡con un pago que no encontraría en estos tiempos ni siquiera para alquilar un apartamento de dos recámaras!

¿Qué pasó con quienes me habían criticado por no comprarme otra casa más lujosa? ¡Muchos perdieron sus casas porque ya no tuvieron para pagar esas mansiones de las que tanto presumían! Mientras tanto, yo sigo muy feliz en la mía.

Así que no te dejes llevar por asuntos de vanidad, ¡recuerda que el día quince y el día treinta de cada mes tú eres la única persona que paga todas tus cuentas! Calcula entonces lo que tienes que hacer y piensa en tus pagos de hipoteca como si ya estuvieras jubilada.

Tu casa pagada

Esta genial perspectiva no es mía, es del experto en bienes raíces George Fiad quien dice: "Hay que obligar a que tus hijos, tan pronto quizá como a los veintiún años compren casa. ¿Por qué? Es muy sencillo. La vida de una hipoteca es treinta años. Es decir, si te vas a pasar treinta años de tu vida haciendo tus pagos mensuales, cuando tengas cincuenta y un años ¡la habrás liquidado totalmente! A los cincuenta y un años tienes todavía mucha vida para disfrutar sin una de las grandes preocupaciones: ¿Cómo pago mi casa?".

Así que como padres de otra generación diferente a la nuestra donde no se planeaba nada con tanta anticipación, hay que obligar a los hijos a que compren su casa jovencitos, y recordarles que mientras mas jóvenes, mejor.

La hipoteca reversible

Para muchos, la hipoteca reversible es un sueño hecho realidad. Una ley del gobierno a través del HUD (House and Urban Development) le dio la oportunidad a personas mayores de edad, a partir de los sesenta y dos años, a retirarse con la tranquilidad de vivir en su casa.

"Habían muchas personas que al llegar a la edad de jubilados se encontraban con un gran problema", explica la experta en Bienes Raíces Ivonne Fiad. "Con lo que recibían mensualmente de su pensión ni remotamente podían pagar la hipoteca, el seguro, los impuestos de su casa y sus gastos de cuidado médico. Su única salida era verse forzados a vender la casa. Es por eso que el programa de la hipoteca reversible ofrece varias ventajas".

La ventaja más popular es la hipoteca reversible para no tener que continuar pagando la hipoteca. Lo que más escuchamos es: "Quiero una hipoteca para no tener que seguir pagando mi casa". En este caso la persona vive en su hogar hasta el día que fallece, sin hacer pagos, e incluso, a partir de los setenta años o más, sin pagar los impuestos de la propiedad. Si está casado, el cónyuge sobreviviente se queda con los mismos términos de la hipoteca hasta que muera.

¿Cómo funciona una hipoteca reversible?

Los herederos luego tienen seis meses para refinanciar la propiedad o venderla. El banco entonces cobra el balance desde el día en que se hizo el préstamo, es decir, cobra todo lo que no se pagó en diez o veinte años de intereses, al interés que HUD dicte. Esto no es un riesgo porque, como forman parte del gobierno federal norteamericano, siempre tienen el interés más bajo que cualquier otra entidad. A los herederos se les dan seis meses para que puedan refinanciar la propiedad, si decidieron quedarse con ella. También se les da la otra opción que es la más común: venderla para repartirse la ganancia. Al venderla, automáticamente se liquida la hipoteca reversible.

¿Qué requisitos debo cumplir para una hipoteca reversible?

En la mayoría de los casos, la hipoteca va del 10 al 40 por ciento, dependiendo de varios factores: el valor de la propiedad, cuántos años de edad tienes (mientras más edad tenga el propietario, mayores son las posibilidades de obtener más dinero) y las tazas de interés. Mientras mayor sea el interés que tengas en la casa, menor será la cantidad de dinero que podrás obtener.

Con una hipoteca reversible, ¿cuánto les queda a mis herederos?

Este es el miedo más común de quienes hacen la hipoteca reversible: al final, después de su muerte, a los hijos o a los herederos en general ¿cuánto les quedaría con una hipoteca reversible? ¿Les quedan sólo deudas y nada de dinero por la casa?

Como observa Fiad: "Hay que tener en cuenta que en diez, quince o veinte años las propiedades por lo menos duplicarán su valor".

Por lo tanto, aun cuando haya una crisis de bienes raíces como la del año 2008, las propiedades que se compraron diez o quince años antes, a pesar del derrumbe del mercado, continuaron valiendo el doble o más de lo que originalmente costaron. Esto indica, entonces, que sus herederos estarán cubiertos en cuanto a ganancias.

La tranquilidad financiera se puede adquirir con una hipoteca reversible

De acuerdo a los expertos, como Ivonne Fiad, es bueno tener dinero en el banco para que se sientan tranquilos financieramente cuando lleguen a la edad de jubilados. Esto lo pueden hacer con planes de ahorros y de jubilación, pero también es posible con la hipoteca reversible y de varias formas.

"Si su casa está completamente pagada, pero el dinero no le alcanza para sus gastos mensuales básicos como las primas del seguro médico, medicinas, los impuestos de la propiedad o el seguro de su casa, entonces ese dinero podría venir de la hipoteca reversible. En estas condiciones usted puede retirar hasta el 55 por ciento del valor de su propiedad si tiene sesenta y dos años. Si ha cumplido los setenta la cantidad permitida para retirar aumenta al 85 por ciento del valor de su propiedad. Se paga de la misma forma que con la hipoteca reversible explicada anteriormente".

La hipoteca reversible también otorga pagos mensuales

"Hay personas", dice Ivonne, "que no quieren sacar de su hipoteca una suma tan grande de dinero como el 55 por ciento del valor de su propiedad. No lo quieren hacer por muchas razones, la mayoría por miedo a tener todo ese dinero disponible sin saber qué hacer con él. Entonces, deciden pedir al banco que mensualmente les de un cheque por ejemplo de $2.000 o $3.000 al mes para cubrir todos sus gastos. La hipoteca reversible les autoriza el envío de la mensualidad que ellos escojan hasta el día en que mueran y, por supuesto, se paga de la misma forma que las dos variantes anteriores en cuanto a hipotecas reversibles".

Con toda esta información, no dejes de investigar más consultando con un experto, sobre las posibilidades de una hipoteca reversible que puedes llegar a aprovechar cuando estes jubilado. Puede brindarte una buena solución a un momento de necesidad económica. Pero, antes que nada, acuérdate que lo mejor que puedes hacer es empezar a planear tu vejez cuanto antes.

El seguro de tu vivienda (Homeowner's insurance)

Ese es otro gasto impostergable. Hay quienes pagan su casa y le dicen adiós al seguro de esta: nada más riesgoso. ¿Qué sucederá en caso de un huracán, inundación, terremoto, incendio o cualquier otra situación impredecible?

De no tener seguro ¡estarás en la calle! Conozco a quienes

dijeron: "No pago más seguro, mi casa está totalmente pagada y mensualmente me ahorro ese dinero, total, si pasa algo, lo saco del banco y ya". Grave error a menos que se tenga una disciplina total para hacerlo (la mayoría no la tiene) y ¿qué sucede? Viene alguna tragedia que les afecta la propiedad y entonces, si no hay dinero en el banco, lo único que tendrán es el terreno de la que fue su casa, ¡y tendrán que volver a comenzar, pero siendo personas mayores!

Otros gastos inevitables: Impuestos y seguros

Ok, entonces digamos que trabajaste toda la vida para tener tu casa pagada cuando te jubiles y lo lograste... ¡te felicito! Ahora, ¿quién paga los impuestos y el seguro de tu casa? En ambos casos tú y sólo tú, y es un gasto que no se puede postergar. ¡Es anual y ambos tienen graves consecuencias si no se pagan!

Si no cubres los impuestos de la propiedad ¡la puedes perder! Irremediablemente, sin esos pagos, el gobierno vendrá a cobrarte la deuda y básicamente ¡o pagas o te venden la casa para pagar los impuestos y tú quedas con el dinero que sobre!

La casa para personas mayores

El día en que estaba haciendo los trámites administrativos para mi entrada a Telemundo, recordé a Rafael Tejero, uno de los productores ejecutivos del Noticiero Univisión, y no fue por alguna noticia en especial, sino porque dotado de un humor increíble hasta para las situaciones más difíciles, Rafael siempre hablaba del momento de la jubilación:

"Mira Colincha [así me llama], la verdad es que cuando nos tengamos que retirar tenemos que irnos todos al mismo *home*. ¡Es la única forma de garantizar que nos vamos a divertir en grande! ¿Imaginas a todos los que hemos sido amigos por tantos años ahí dentro? ¡Vamos a divertirnos de lo lindo! Eso sí, el lugar tiene que ser el mejor. Que tenga su buena piscina, muy moderno, que la gente que esté a nuestro alrededor sea *nice*, en fin, tendremos que tener entonces el mejor sitio de cuantos haya. ¡Y por supuesto que en el sur de la Florida para que los demás se mueran de envidia de vernos a todos en ese *home* como reyes! Como es casi imposible encontrar un lugar como el que queremos, entonces tendremos que comprar el terreno y construir una casa. Yo escojo a los empleados. El único problema será ¿quién nos puede financiar la construcción? Yo creo que tengo que ir a buscar a uno de los presentadores para ver si ellos lo hacen".

Las carcajadas que nos sacaba cada vez el famoso cuento del *home* con los detalles que he contado, son las mismas carcajadas que tuve que contener el día que, dentro de los muchísimos beneficios que otorga General Electric a sus empleados, me enteré que me estaban dando escoger y pagar el mejor cuidado para la vejez (*long term care*, en inglés) que incluye, por supuesto, una casa para personas mayores, o sea, el famoso *home*. Expliqué la razón de mi risa contenida a Marta Pérez, la experta con quien estaba haciendo los trámites, una persona que es otro de esos seres humanos increíbles y quien al escuchar la historia de Rafael Tejero con todos los detalles también rió conmigo. Lo cierto es que, si lo tienes entre los beneficios que tu empresa te brinda, o si lo haces por ti mismo, nunca será tarde para empezar a pagar el *long term care* y todo lo que eso significa a la hora de tu jubilación.

Cada aniversario de Rosita

Cada día 13 de agosto, Mauricio hace una comida especial e invita a amigos que para él signifiquen mucho. Ese día es el aniversario de la partida de Rosita de este mundo, pero Mauricio hace de la fecha una donde se festeja y se celebra la vida de su madre y lo hace con gran clase. Es el momento para brindar por ella con un buen champagne francés recordando las frases que ella repetía siempre:

No compres lo que no te hace falta hoy, para que mañana no te veas obligado a vender lo que sí te hace falta.

Y su otra máxima:

Llórate viejo, pero no viejo, pobre y solo.

Para recordar...

- Tan pronto como comiences a ganarte la vida, comienza a planear tu jubilación.
- Recuerda que el día 15 y el día 30 sólo tú pagas tus cuentas. ¡Que nadie te obligue a gastar por vanidad!
- Si tienes sesenta y cinco años y no quieres más gastos de hipoteca de casa pregunta por la hipoteca reversible.
- Junto a tu jubilación, planea también el pago de tu casa para vivir cuando seas anciano. No hay nada más triste que no tener dónde vivir porque no tienes con qué pagar.
- No te mueras sin dejar estipulado a quién o a quiénes dejas tus bienes. Un testamento no cuesta ni $500 y eso te dará una paz mental eterna a ti y a tus seres queridos.
- Para disfrutar en vida, no olvides de "no comprar lo que no te hace falta hoy para que mañana no te veas obligado a vender lo que sí te hace falta".
- Llórate viejo, pero nunca te llores pobre, viejo y abandonado.

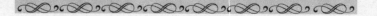

21

Dating a los 40,
a los 50 ¡y más!

*E*ntre quienes me conocen siempre he tenido fama de escoger los mejores títulos para las historias que he presentado o para mis columnas como "Déjame contarte" de la revista *Selecciones* o *Casos y Cosas de Collins* en la radio, pero el título de este capítulo, que es perfecto para atraer a las lectoras en busca de un galán (cuando se es "mayorcita" soltera, viuda o abandonada), no es de nadie más que de mi hija Antonietta, la investigadora oficial de todos los chismes de la familia. Cuando comencé a tener citas o *dating*, como le llaman en inglés, al regresar a casa invariablemente la que siempre quiere investigar qué sucedió es Antonietta. No importa si está cubriendo un juego de fútbol en Tampa o si está en medio de las clases de su maestría en meteorología, sin el menor recato llama para preguntar: "Y qué, mother, ¿cómo te fue con el galán?".

Cansada de escuchar los relatos más descabellados de potenciales novios, una tarde me dijo entusiasmada al escuchar una historia muy falta de lujuria y rica en chistes:

"¡Lo tengo! ¡Y no imaginas qué bueno es!"

Ni me imaginaba lo que mis oídos estaban por escuchar:

"¡Tienes que escribir un libro que se llame *Dating a los 50, a los 60 y más*! Con todo lo que les pasa a ustedes, 'las mujeres mayores' con sus pretendientes, ¡es para escribir una Biblia!".

No sé si me quedé fría por lo de "ustedes las mujeres mayores con sus pretendientes" o por la idea de escribir un libro con todo aquello.

"No es para tanto m'hijita, no lo es", le dije.

"¿Qué noooooo? ¡Ay, por Dios, mamaaaaá!"

La verdad es que sí, que la cosa era de epopeya, quizá no daba como para escribir un libro, pero las peripecias en la búsqueda del novio que le diga a uno ¡salud! cuando tienes catarro, por lo menos me alcanzaron para contarte aquí algunas historias que son mías y otras que son ajenas, ¡pero que son divertidísimas!

Mayor que sus padres (Asaltando cunas)

"Está bien, soy una acomplejada, díganme todo lo que quieran", le dije a mi amiga la Chata Tubilla, "pero no puedo y eso se acabó":

Yo sé que para la gente a mi alrededor la presencia de la

primera persona que llegó a pretenderme después de Fabio por muchas razones creaba sentimientos mezclados, es decir, a favor y en contra. Unos decían: "Sí, que lo haga, que tenga novio por todo lo que la pobre vivió". Pero otros estaban listos para la crítica descarnada, y al final, mis hijos y quienes me querían de verdad lo entendieron perfectamente y me protegieron de alguna indiscreción. Todos en la familia lo conocíamos y si durante la enfermedad de mi esposo esta persona convirtió la admiración que siempre dijo tener por mi comportamiento hacia Fabio en algo diferente, lo guardó muy pero que muy bien, porque nunca jamás sospeché nada. De haberlo sabido, el rechazo hubiera sido inmediato. Por el contrario, él siempre estuvo listo para ayudarnos a todos.

"No me importa lo que digan otros miembros de la familia de este lado y del otro", dijo rápidamente Adrianna cuando le conté lo del pretendiente, "lo importante es que esta persona ha hecho algo bueno por nosotros como en su día lo hizo por Fabio, porque te ha ayudado a salir del hueco donde el dolor y la pérdida de tu esposo te dejó hundida, y con eso, yo estoy en paz y te apoyo. A mí lo que me importa es verte viva y sana, seguir teniendo a mi mamá, y si te hace feliz, mucho mejor, por lo menos alguien ha logrado ayudarte a volver a vivir".

Antón, con quien hablé personalmente, coincidió con su hermana mayor, pero sin dejar de bromear como siempre: "A ver qué noche de estas nos vamos a discotequear juntos con mi novia, total casi todos somos de la misma edad, pero eso sí, que me respete ¡que soy mayor que él!".

Antonietta era la única que lo rechazaba. Es celosa. Lo fue

con Fabio y hasta la fecha me cela y por supuesto que nadie le parece bien para mí.

"Cuando sales de viaje quiere hacer las veces de padrastro y ¡quiere llevarnos a mis amigas y a mí a los clubs a donde vamos a bailar! Se mete en todo. Yo sé que lo hace para que tú estés tranquila, pero ¡*come on*! Es un poco más grande que yo, por tanto, ¡es casi de mi edad!"

Antonietta no estaba errada, lo que no sabían era que estudié matemáticas en la escuela. Las matemáticas y el tiempo fueron los mejores consejeros para terminar con algo que nos pudo haber dañado a ambos, (por supuesto que a mí más que a él). El momento perfecto para acabar aquello llegó el día en que sus padres le avisaron que venían a visitarlo desde su país de origen.

"Hablé con mi papá y le conté todo y me apoya", me dijo un día. "Además, me ha prometido hablar con mi mamá que es la persona a la que seguramente le dará un ataque al saberlo. Te quería pedir que platiques con ellos para que te conozcan. Después veré qué le explico a mi madre".

Por supuesto que no tuvo que decir más: la razón se impuso y, aunque aun me estaba reponiendo de la enfermedad que me puso al borde de una operación cerebral, sin dar más tiempo ni excusas hablé con él.

"Es cuestión de sumar", le dije. "En menos de cinco años yo estaré viviendo ya la tercera edad".

"No me importa. Si tengo que cuidarte viejita lo voy a hacer. Además, te ves súper bien", respondió al instante.

"Ok, físicamente ahora estoy bien, pero llegará el día en que tú seas un hombre joven, con mujeres jóvenes a tu alrededor, y yo sea una anciana y entonces todo va a terminar mal. Antes de que esto siga y tengamos que lidiar con la burla alrededor, nuestros caminos tienen que separarse".

Para mi sorpresa no lo aceptó y, con una gentileza que siempre recordaré, me pidió que pensara las cosas un tiempo y que después volviéramos a hablar.

Semanas después volvió a buscarme con una petición: ¡Quería casarse conmigo!

No me quedó más remedio que explicarle la verdad.

"Yo tengo mi vida hecha y tú apenas estás comenzando con la tuya. Tengo mis hijos y mi familia. ¿Cómo puedo hablar con tus padres si soy mayor de edad que ellos?"

Se fue sin decir una sola palabra. Y ahí, afortunadamente, terminó esta historia.

Un año después supe de él. Me llamó para decirme que vive en otra ciudad donde comenzó una nueva etapa profesional y también sentimental, con alguien que seguramente tiene su edad.

"Sólo quiero que sepas que nunca he dejado de admirarte como persona y también siempre rezo para que un día encuentres al hombre que te haga feliz. Gracias por haber actuado como lo hiciste aunque entonces me doliera mucho, pero ahora lo entiendo y por eso siempre te recordaré con mucho cariño. Cada vez que necesites mi ayuda, llámame que ahí estaré".

De la *love story* fallida, sin buscarlo de pronto me encontré en otro episodio de telenovela...

Mr. Drama

Buscó y buscó hasta que logró la forma de invitarme a salir: por medio de un amigo en común que a su vez me hizo el cuento.

"Fulanito está enloquecido contigo. Habla de ti, te busca, dice que se te aparece por todos lados y que tú lo ignoras. Hazle caso por lo menos una sola vez y recibe su llamada. Me ha pedido que si le puedo dar tu número".

La verdad no es que lo ignoraba a él. Simplemente no me fijaba en nadie a mi alrededor, y mucho menos en ese tiempo en que me reponía emocionalmente. Se trataba de un señor rayando en los sesenta años, quien podría ser el candidato ideal para cualquier mujer si no fuera porque él es su principal enemigo. De buen ver, culto, profesional, educado y con buenos modales, buena persona, caballeroso, simpático y con plática interesante y un buen sentido del humor. Hasta ahí sus atributos podrían ser suficientes para darle un diez en la calificación. Resulta que este posible pretendiente de tanto porfiar consiguió, con la intervención del amigo en común, que le aceptara la invitación a tomar un café. La invitación sin embargo tuvo que ser pospuesta durante un par de semanas por exceso de trabajo de mi parte y de la suya, pero finalmente una noche —por cierto, bastante tarde porque trabajaba largos turnos y los míos eran todo lo opuesto, muy temprano— fue que finalmente pudimos encontrarnos. Quedamos en vernos en una cafetería y ahí estaba de lo más guapo y puntual, perfumado, bien vestido… hasta que abrió la boca. Aquella primera cita fue de lo más desconcertante y fuera de lo común.

"Me parece mentira", me dijo, "que finalmente hayas aceptado verme, porque yo que soy tan miserable, yo que soy tan pobre, yo que trabajo y trabajo y no me alcanza el dinero para nada, no puedo creer que estoy aquí tomándome un café contigo".

Y de ahí siguió con un rosario de lamentos que nunca había escuchado ni de la boca de un pretendiente, ni mucho menos en una primera cita. ¡Semejante plática se me hacía increíble y sin sentido, pero lo dejé continuar sólo para seguir oyendo más de las tragedias que la vida le había dado y le seguía dando!

"Mira fulanito", intenté recomendarle con calma, "no te preocupes que tú veras que pronto las cosas cambiarán para bien. Ten fe y todo va a pasar".

"Nooo, que va, a mí todo me sale mal. Estoy a punto de perder mi casa, una casa que compré sin calcular que no podía pagar".

¡Hasta ahí llegó mi paciencia! Sin que se diera cuenta de que yo lo que quería hacer era huir de aquel panorama desastroso, con el pretexto de tener que entrar a trabajar por la madrugada di por terminada aquella extraña reunión.

Por supuesto Antonietta, muerta de risa, poco después escuchaba la narración de aquel *date*.

"Ay, mamaaaá, ¡otro más para el libro!"

Cuando le comenté lo sucedido al amigo que hizo la cita, con su picardía cubana alcanzó a decirme: "¡Ay, MAC! ¡El pobre! En verdad que siempre le salen mal las cosas, pero por lo menos dale otra oportunidad para que platiquen, por lo menos para que pueda ver lo positivo de la vida y que se lo diga una persona como tú".

Y así fue que antes de volver a salir con él, por aquello del beneficio de la duda, le di mi teléfono para poder conversar un poco más. Nada, que por teléfono y en persona seguía siendo igual con la misma retahíla de lamentaciones.

"Tú no entiendes lo que me pasa porque no te ha ido como a mí de mal, siempre me va tan mal. Las mujeres me han dado golpes y no tengo suerte".

No, no, no. Su caso era para un siquiatra, pero sin embargo me llamaba la atención porque en realidad, mi espíritu de Madre Teresa de Calcuta salió de inmediato a relucir para poder ayudarlo aunque sea un poquito.

Todas las pláticas además eran telefónicas porque siempre estaba trabajando cuando yo descansaba y cuando le preguntaba si no tenía un día libre, "la descarga" comenzaba.

"¿Cómo voy a tener un día libre, no ves que soy pobre y apenas lo que gano ni siquiera me alcanza para cubrir mis gastos? Por eso es que trabajo todo el tiempo extra que me den, no importa que no descanse ni un solo día, también esa es la razón por la que no te puedo invitar a salir a ningún sitio, ni siquiera a comer".

¡Y dale la burra al trigo y el trigo que no se acaba! Resulta que le tomé lástima y decidí por lo menos escucharlo porque pensé que no tendría con quién hablar de sus penas, hasta que un mes después sus angustiantes historias, la tristeza de su voz y su falta de amor a la vida me encontraron con lo Collins encima. Resulta que Mr. Drama, como era conocido entre los pocos que sabían de su fugaz existencia, finalmente decidió invitarme al cine. Muy orondo por lo menos con una semana de anticipación me lo hizo saber, diciendo: "¿Aceptarías ir al cine conmigo?".

¡*El pobre!*, pensé, por lo menos vamos al cine y se distrae de su drama diario. Finalmente llegó aquel domingo y llegó a mi casa luego de haber estado trabajando todo el día. Para mi sorpresa un segundo después de saludar lo que hizo fue inhalar el aire del hogar.

"Mmmmmm, ¡qué rico! Huele a comida... ¿Qué cocinaste?"

"Sopa", le contesté, y como dictan los buenos modales por cortesía le pregunté si quería un plato a sabiendas de que me diría que no porque estábamos justo a tiempo para llegar al cine. Grave error porque sin más me respondió que sí, ¡que se moría de hambre!

No le serví un plato, ¡sino tres! porque en verdad se veía que tenía hambre y que estaba encantado saboreando aquel platillo casero, lo que en otras circunstancias hubiera sido todo un halago. Estaba comiendo tan a gusto que cuando terminó en lugar de invitarme a salir a tomar un café (por supuesto, ya lo del cine ni siquiera lo volvió a mencionar) lo que hizo fue sentarse a platicar y después se marchó no sin antes soltar otro de sus dramas:

"Estoy triste porque ahora te estoy viendo y después ya no vas a estar".

"¿Qué es eso? ¿Tú no sabes vivir en paz?"

Le metí un sermón más largo que un discurso de Fidel Castro en sus buenos tiempos, al grado que se molestó pero no discutió. Al día siguiente salió de viaje a Sudamérica y no me llamó sino hasta cuando regresó, lo que me dio un gran respiro a sus telenovelas. Pero su retorno sirvió para despedirnos. ¿Qué es lo primero que me dice Mr. Drama?

"Perdona que no te haya podido hablar de Sudamérica, pero como soy tan pobre mi teléfono celular sólo funciona aquí en Miami, yo no soy como tú que puedes hablar de donde sea porque tienes el mejor servicio, el mío es el más barato y ni siquiera tenía en el bolsillo veinte dólares para llamarte del hotel".

¡Esa fue la última historia que le permití contarme! Le pedí que nunca más volviera a marcar mi número y que se olvidara de haberme conocido, que con esas historias de miseria y pobreza, siempre buscando la compasión de los demás, nunca iba a ser feliz ni iba a progresar.

¡Jamás había visto nada semejante!

El amigo en común, tiempo después, reconoció entre risas que esta persona aparentemente por todos los problemas que había vivido se había acostumbrado a vivir en la penuria y que quizá esa era su forma de subsistir, buscando la lástima de los demás, porque de otra forma, con todas las cualidades que tiene podría ser digno de admiración, sin embargo, había escogido lo contrario.

Lo mejor de todo fue que como buen caballero, Mr. Drama se dio cuenta de que conmigo esas telenovelones no servían de nada y salió del escenario tan calladito como llegó, y sin ovación.

"¡Ay, mamá! ¿Qué más te puedo decir si no es que sigas juntando estas historias tan pero taaan divertidas?", me dijo Antonietta, como siempre gozando a cuesta mía. "¿Ves? Eso te pasa porque no has conocido a alguien como el pretendiente que te va a presentar la amiga que me contaste".

Siempre que hay divorciados o viudos, los amigos de estos generalmente se convierten en cupidos para juntar a las almas solitarias. Y un tiempo después vino la próxima historia.

El Chiclón

La pareja al escuchar a un viejo amigo suyo contarles lo último que le había sucedido con una ex, de inmediato pensó en mí. "Es el hombre ideal para María Antonieta", dijo el esposo de mi amiga, así que hagamos un barbecue para que ambos se conozcan. La esposa de cupido rápidamente me llamó y aunque el barbecue no se pudo realizar de inmediato por los compromisos de trabajo que yo previamente tenía en mi agenda, finalmente llegó el gran día para conocer al divorciado, mayor de cincuenta y cinco años, que había sufrido el abuso de mujeres jóvenes que nada más andaban con él un tiempo y luego de sacarle dinero, autos, viajes, casas y demás, ¡se marchaban con otro!

Mi amiga me previno: "Yo sé que cuando se conozcan, ambos van a ser felices porque lo que tú quieres es paz y él también quiere lo mismo. Es un hombre espléndido, muy rico, y que únicamente se dedica a trabajar y trabajar, es más, su primera esposa lo dejó porque se cansó de verlo trabajando siempre. En fin, por tonta, quienes disfrutan de las cosas que podrían ser de ella, son otras. Así que ya sabes, este es el hombre que puede traerte tranquilidad".

Con semejante sermón llegué al barbecue aquel. El personaje no había llegado, yo creo que lo hizo a propósito para hacer su entrada triunfal porque minutos después de mi arribo apareció con tremendo coche deportivo rugiendo todo lo que había pagado por él. Cuando se bajó del auto y vino directamente hacia mí, casi me desmayo. Le eché un vistazo rápido y no necesité buscar mucho porque todo lo que aquel señor traía arriba se podía ver desde la luna misma: una gruesísima cadena de oro cuajadita de brillantes, el Rolex Presidente, por supuesto de oro y con bisel de brillantes y una pulsera de oro en la muñeca.

¡Ah!, y me faltaba la cereza en el pastel: de un vistazo recorrí su atuendo para encontrarme que ¡traía zapatos negros de charol y calcetines blancos!

¡Era todo un émulo de Michael Jackson!

Me quedé sin pronunciar palabra alguna, lo que el hombre aprovechó para contarme de sus exitosos negocios. Por supuesto que los tiene. Es de esos anónimos millonarios hechos efectivamente de trabajar duro y de aprovechar las oportunidades, pero sin lugar a dudas sin que el dinero le haya servido para pulir sus modales.

Mientras comía a mi lado, luego de cada bocado tronaba la boca para limpiarse los dientes con la lengua. Trataba de no verlo sintiendo que la bilirrubina me subía y me bajaba como en la canción de Juan Luis Guerra. Al dar el último bocado sacó un par de chicles de masticar y se los metió en la boca sin ofrecerle a nadie y moviendo estrepitosamente las mandíbulas.

¿Qué carajo hago yo aquí?, pensé mirando hacia un lado, sólo

para encontrarme con la cara feliz de la pareja amiga que creía haber triunfado en la vida haciéndola de cupidos en esa ocasión. Sus caras de satisfacción me hicieron seguir un rato más en aquel tormento, que "Chiclón" (apodo ganado por la inmensa bola de chicle que mascaba) aprovechó sin conmiseración para contarme a lo que se dedicaba.

"¿Tu ves estas manos con las uñas negras?", me preguntó.

La verdad que no había reparado en "el detalle", pero sin esperar mi respuesta Chiclón siguió hablando.

"Son uñas que no tienen mugre... ¡Están así de negras por la grasa!"

"¿Grasa?", pregunté incrédula.

"Sí, chica, grasa de auto. Soy mecánico y tengo grandes talleres. Superviso mis negocios personalmente y le meto mano a los autos para asegurarme de que todo va bien. Y dime corazón, ¿a qué te dedicas muñequita?"

El pelo que uso corto y paradito se me puso como el de un puercoespín. No aguanté más la boca en esa surrealista cita a ciegas.

"Mire usted, ¿me podría hacer el favor de no masticar chicle mientras me habla?", le dije obstinada.

"¡Por supuesto, muñequita!"

Dicho esto, escupió con fuerza aquella bola de chicle que se fue a incrustar directamente en el pasto del jardín sin que le importara en lo más mínimo si alguien la pisaba.

¡No pude más! De momento recordé que desde esa mañana tenía una migraña y me alejé de su lado. Lo mismo dije a mis anfitriones por supuesto sin contarles en ese momento lo que había sucedido. Chiclón reaccionó ante mi indiferencia y salió corriendo a alcanzarme a mi auto.

"¿Por qué te vas muñequita? ¿Cuándo volvemos a vernos?"

Sentada en mi auto con él metiendo la cabeza por la ventanilla del pasajero me di gusto en decirle:

"Usted perdóneme pero me voy porque tengo muchas cosas pendientes que hacer y no me gusta perder el tiempo escuchando que sin conocerme me llame 'muñequita' y 'corazón'. Además, yo no platico con personas que mastican chicle mientras hablan y lo escupen como si quienes están a su alrededor fueran basura. Y, ¿cuándo volvemos a vernos? ¿Sabe usted cuándo? ¡Nunca! Así que le deseo que tenga buenas tardes".

Arranqué mi auto satisfecha de no haberme quedado con nada por decirle a semejante patán. ¡Que se quede con sus millones y su vulgaridad y que le hagan provecho! Yo no necesito eso absolutamente para nada.

Y nuevamente Antonietta botada en el piso a las carcajadas pidió incluir la célebre historia de Chiclón para este capítulo.

Y ahora a otra. Sí, hubo otra en *Casos y Cosas de Collins*.

El deportista farandulero

No soy aficionada a salir los fines de semana a clubes, lo hago en contadas ocasiones y sólo con un par de amigos; usualmente con mi gran amigo Mauricio Zeilic. Como nos conocemos de muchos años, a veces soy su *"date"* y él a veces es el mío. Pero aquel sábado en especial la invitación era de mis amigos Leo

Pérez, y José Antonio Álvarez, y era para ir en grupo a un show en especial: el de Boncó Quiñongo, un comediante cubano. De pronto, en esa mesa donde habíamos varios, José Antonio me dice que un conocido suyo dedicado a un deporte profesional (que no voy a mencionar para no identificarlo) se le había acercado a preguntarle por mí.

"Dice que está muy interesado en ti, que te admira y quería saber si Leo es tu pareja porque le gustas. Está soltero y disponible".

No pasó mucho tiempo para que el deportista se acercara a nuestra mesa a saludar a mis amigos y por supuesto a forzar la presentación. No hubo más de un "hola, que tal, mucho gusto". Me pidió mi teléfono y fingiendo que había mucho ruido y que no lo escuchaba bien por supuesto que no se lo di. Poco después, Leo, José Antonio y yo nos fuimos del lugar. Habrían pasado dos días cuando recibo una llamada sorpresiva en mi celular.

"¿Y qué, María Celeste, cómo estás? Soy fulano de tal; nos conocimos la otra noche en el show de Boncó y para que veas que al igual que en mi profesión, nunca me rindo. No me diste tu teléfono pero finalmente, con la ayuda de otros amigos, lo conseguí".

Tuve que aclararle que ¡yo no era María Celeste Arrarás y que si quería el teléfono de mi amiga sin la autorización de ella no se lo podía dar!

"Perdóname por la equivocación 'princesita', con quien quiero hablar es contigo, además, esta llamada es para que salgamos a comer. Tú verás que no te vas a arrepentir de haberme conocido princesa".

¿Me llamaba princesa? ¿Cariñito? ¡Al otro lado del teléfono estaba yo anonadada por tantos sinónimos para evitar decir mi nombre y por consiguiente no equivocarse de mujer!

"No me gusta que me llamen 'princesa' ni 'cariñito' ", le aclaré, "y, ¿por qué no me voy a arrepentir de haberlo conocido?"

"¿Qué pasa, *cariñito*? ¿No estás acostumbrada a que te traten como la dama que eres? Tú verás que de ahora en adelante ya tienes quien te cuide y te proteja, y te repito que no te arrepentirás de haberme conocido".

Por supuesto que la plática no llegó a más ese día, y luego de tomarle un par de llamadas más, dejó de insistir cuando se dio cuenta de que conmigo las cosas no irían a ningún lado. Quiero aclarar que el deportista es atractivo, que andaría en los cuarenta largos y que en general lucía bien. Pero en realidad en ese momento mi prioridad era salir adelante en otros aspectos de mi vida y no meterme en más problemas.

Es probable que yo esté errada, pero pienso que nadie a quien conozcas en un club porque anda solitario buscando pareja y que a los dos segundos de conocerte te dice "que será el hombre de tu vida" es candidato para tener una relación estable. La verdad es que por eso, y por compromisos de trabajo, no volví a saber nada del personaje hasta semanas después...

Estaba tomando unos días de descanso en Lancaster, Ohio, en casa de mi hija Adrianna, cuando una noche mi celular comienza a sonar sin parar. Era una llamada tras otra y me dejaron decenas de mensajes.

"Oyeee, picarona, ¡con que andas con un deportista! ¡Guardadito que lo tenías!", me decía Adri.

Los mensajes más o menos decían lo mismo.

Por supuesto que no faltó la llamada de mi hijo Antón y la de Antonietta.

"¡Mammaaaaaá! ¿Ahora tienes un *date* con un deportista menor que tú? ¿Por qué no me lo habías dicho? En *Paparazzi TV* lo están diciendo, pon el televisor", me dijo Antón.

Me quedé fría cuando sintonicé el programa que en cada corte comercial anunciaban que iban a dar la noticia ¡de mi supuesto nuevo novio!

Finalmente la periodista Lourdes Ruiz-Toledo contó la supuesta historia.

"De muy buena fuente tengo el dato que es verídico: María Antonieta Collins está saliendo con un deportista, y aunque sé que tiene un par de pretendientes más, mi fuente fidedigna llamada 'la geisha de Okechobee' me asegura que ella y el deportista andan juntos".

"¡Nada más falso!", les decía yo a Antonietta y Antón que estaban en el teléfono. "¡Ustedes saben que eso no es verdad! ¡Yo no ando con ese señor, es más, ni siquiera lo he visto en persona dos veces! Si me llego a cruzar con él en la calle no lo reconocería porque el día que lo conocí en aquel club estaba muy oscuro".

Mis tres hijos a carcajadas me seguían molestando. En realidad ellos sabían que lo que yo les estaba diciendo era verdad porque cuando Fabio murió les hice una promesa: "Antes que nadie, el día que yo tenga una relación en serio, ustedes serán los primeros en enterarse y en conocerlo". No soy de faltar a mis promesas, por lo que les dije luego: "Dejen de estar haciendo chistes a mis costillas. ¡Este asunto se terminó!"

Un par de días después recibí una llamada del deportista enamorado y por supuesto que no me tomé siquiera la molestia de responderle. Si hubiera sido cierto que estábamos saliendo, yo no lo hubiera escondido, pero ¿andar aceptando muertos que no son míos? ¡No hombre, nunca! ¡Qué va! Aunque al mismo tiempo la experiencia me dejó una valiosa lección: a partir de entonces tendría que ser doblemente cuidadosa con las personas que se me acercaran, y hasta el día de hoy recuerdo el malestar que me produjo para que no se vuelva a repetir en mi vida algo semejante.

El Supermacho

A Dios gracias a este caballero no me tocó conocerlo a mí, sino a una amiga muy cercana asidua todos los fines de semana de un lugar muy popular en Miami.

El sitio es tan conocido que con crisis y sin ella, con lluvia, huracanes y con todo el calor del mundo, es el único lugar de Miami que siempre está a reventar. Aunque no es su nombre verdadero lo conocen como "El palacio del pellejo" porque su concurrencia principal es femenina, con una edad que va de los casi sesenta hasta donde el cuerpo aguante para ir a bailar y a conocer gente. Pero no sólo van mujeres, también van hombres. Ahí mi amiga conoció a Supermacho, un divorciado de unos sesenta años.

"Se veía de lo mejor ", recuerda mi amiga. "Al verme de inmediato me sacó a bailar a la pista. Cuando la música se hizo más suave, hubo un momento en que no supe lo que estaba sucediendo porque al bailar pegaditos con el roce de su cuerpo me di cuenta de que Supermacho ¡estaba con el miembro erecto! De inmediato me alejé un poco para que se diera cuenta de que eso no me había parecido nada bien. Entonces fue que vino la explicación.

"Chica, no tienes que ponerte así, únicamente quiero que sientas lo que un hombre como yo te puede hacer sentir. Hace poco me puse 'la bombita' y no sólo estoy feliz, sino que hago felices a muchas, menos a la que era mi esposa que me acusó de degenerado sexual y se divorció de mí. Lo que sucede es que después de más de cincuenta años de casados la que no servía era ella".

Al oír semejante cuento no pude sino preguntarle a mi amiga qué hizo...

"¿Qué mas podía hacer que insultarlo?", me contestó. "Le dije de todo, viejo asqueroso, ¡por supuesto que usted es un degenerado sexual como le dijo su esposa! Le debería dar ver-güenza andar haciendo el ridículo con ese espectáculo de im-plante de pene que 'pone a trabajar' sin que nadie se lo pida. Fíjese lo que le voy a decir: aquí el único que no sirve es usted, no su esposa de toda la vida, y que no se le olvide. Ah, y un último consejo: ¡póngase a cuidar a sus nietos y déjese de sucie-dades!"

La historia de mi amiga con el Supermacho da más risa que pena, sin embargo tiene un significado muy profundo:

En busca del placer hay hombres que olvidan los verdaderos valores de la vida.

Aquel señor olvidaba los riesgos dobles o triples que a su edad tienen esas aventuras: primero podría contraer el SIDA al tener relaciones con todo tipo de mujeres. Segundo, mujeres sin el menor escrúpulo se les acercan para quitarles su dinero haciéndoles creer mil cuentos y, más importante, tercero, en la vejez abandonan a sus parejas de muchos años sin pensar en el dolor que les provocan ¡y arriesgándose ellos mismos a que les suceda lo mismo!

El final de la historia del Supermacho tardío me la contó tiempo después mi amiga. Por conocidas del lugar a donde iban a bailar se enteró de que el hombre aparentemente se enredó con una mujer por lo menos treinta años menor que él, se casó con ella, y acabó perdiendo prácticamente todo luego del divorcio, quedándose sin casa y sin familia.

Esto sí que da tristeza, pero la moraleja siempre suele ser la misma:

Nada de lo que nos sucede hoy es ajeno a algo que hicimos ayer.

Cada oveja con su pareja

¿Es verdad lo que dice la voz popular, que los hombres que hay libres por la calle están para lanzarlos "a los leones" y que ninguno sirve?

La respuesta es ¡No! Lo que todos nosotros debemos tener

en cuenta es el dicho: cada oveja con su pareja. Dependiendo de lo que quieras buscarás la persona adecuada para ti. Yo decidí no seguir almacenando estas historias y no salir con nadie que de ex profeso y con muy buena voluntad me presenten casamenteros y amigas de corazón.

Lo que llegue habrá de suceder en su momento, ni antes ni después de que Dios lo disponga para mí. Mientras tanto, soy feliz como estoy y tiempo me falta para estar sola.

Así que con los cuentos que te he narrado, tú escoge: o caes o huyes a la menor señal de que eso que tienes frente simplemente no es para ti porque:

¡Ni es lo que quieres, ni es lo que tú mereces!

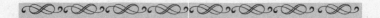

Para recordar...

- "Dating a los 40, a los 50 y más" es más que una trama de telenovela. He aprendido que buscar a quien te diga ¡salud! cuando estornudas requiere de tener olfato para evitar algunos estereotipos establecidos.
- Salir con un hombre más joven al final te llevará a una ruptura dolorosísima si te llegas a enamorar. Hay que tener en cuenta la edad del "Romeo". Si la diferencia es de veinte a treinta años, ¡huye! Son diferencias insalvables.
- Cuidado con "Mr. Drama". Te envuelve en una relación tormentosa desde el principio. No te dejes engañar por su aspecto encantador. Piensa en lo doloroso que será dejarlo cuando la relación avance porque generalmente son encantadores. No eres la Madre Teresa de Calcuta.
- Cuidado con "Mr. Farándula". Este tipo de personajes puede ser funesto si no lo detectas a tiempo. Es el clásico que gusta de hacer saber a todo el mundo cosas que no han sucedido. Alardea de sus conquistas, y si estas son conocidas, ¡mucho mejor para él! La ciudad completa donde vives sabrá que has

salido con él (aunque apenas hayas hablado por teléfono).

- Cuidado con "Mr. Supermacho". Este es un personaje a lo Don Juan, quien a pesar de ser abuelo alardea de potencia sexual y juventud. Son los que dejan a la esposa de toda la vida cuando la juventud se les va. Los encuentras en clínicas de implantes de pene obsesionados con que les realicen la operación. Por la vida sexual llegan a abandonarlo todo sin el menor remordimiento.

- Ten siempre presente que nada de lo que te sucede hoy es ajeno a algo que hiciste ayer. Así que para no llevarte sorpresitas desagradables, no omitas ningún detalle que te moleste cuando estés conociendo a tu futura "media naranja".

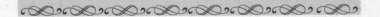

22

Cómo escoger
al príncipe azul

A mí me enseñaron que en los cuentos de hadas siempre había un príncipe y una princesa y que en muchas ocasiones los príncipes se escondían disfrazándose para no ser reconocidos, pero que en otras, válgame Dios, los príncipes eran víctimas de maleficios de brujas malvadas que los convertían en sapos. Para que los príncipes escaparan del maleficio tenían que encontrar a una joven —princesa o plebeya— que no les tuviera asco, que se les acercara, los besara y de inmediato *¡zaz!* Nuevamente volvían a convertirse en los príncipes azules que eran.

Precioso cuento que me hizo soñar en que podría encontrar súbitamente a un príncipe escondido bajo la apariencia de un sapo. Resulta que así crecí. Por supuesto que, sin necesidad de que estuvieran escondidos, me tocaron algunos príncipes maravillosos, pero, ¡ay, Dios mío!, nada me ha salvado de besar alguno que otro sapo creyendo que así aparecería el "príncipe azul", sólo para luego darme cuenta de que seguían siendo sapitos, ni siquiera sapos grandotes, sino simples sapitos.

Toda esta verborrea siempre me ha llevado a preguntarme, ¿en realidad existen los príncipes azules? Y la respuesta es ¡sí! Por supuesto que existen, pero dependiendo de la edad uno los encuentra de diferentes maneras.

Laura García, una de mis grandes amigas, dotada de esa simpatía natural que genéticamente trae por ser cubana y que le permite al mismo tiempo ser una buenísima productora de televisión y la extraordinaria madre de Valentina, cree ampliamente en la teoría que nos ha robado horas de pláticas dilucidando el tema.

"Por supuesto que los príncipes azules existen, pero es asunto de edad", me dice. "Yo creo que hasta los cuarenta años está bien que sueñes con lo ideal de un príncipe azul. Después uno se va dando cuenta de que la realidad es que los idealizas pensando que el que conociste, ése es. A menudo dices… ¡éste es el hombre! Pero después, ¿qué pasa? Cuando los tratas más te van mostrando diferentes caras y ahí es cuando te tropiezas con la verdad de que están muy lejos de ser el dichoso príncipe azul. Así que después de los cuarenta años la regla es: ¡deja de soñar y bájate de la nube!"

El príncipe azul moderno

Ok. Los príncipes son modernos, tanto que las pobres "Flora", "Fauna" y "Primavera", las hadas del cuento de *La Bella Durmiente* probablemente fueron las últimas en ver a uno. La sola idea de que en pleno siglo XXI exista uno de historieta que venga a darnos su amor, hace a muchas dudar. ¿En dónde vive? ¿Cómo encontrarlo? Por empezar, ya no montan en blancos corceles y no buscan a su princesa dando bailes palaciegos para escogerla entre las mejores. Ahora tienen muchas otras formas para hallarla: por Internet, en bares, clubes y fiestas, también en citas a ciegas. No viven en castillos sino en casas y departamentos, quizá en tu mismo vecindario, y ya no es impedimento que no vivan en tu ciudad sino en otra porque el amor ahora se conmuta, es decir: "vienes y voy". Ya los príncipes no son ni millonarios, ni siquiera medianamente ricos, es más, en muchos casos viven al día, tienen el carruaje alquilado, el departamento igual y el salario que ganan sólo les alcanza de quincena a quincena, tienen dos o tres empleos, muchísimos siguen estudiando para tener un título, a otros les basta con tener un oficio bien remunerado, lo que no les quita que sean príncipes, como dice la productora Laura García.

"Las cualidades de un príncipe azul moderno comienzan con un empleo. Primero, que trabaje, porque si no trabaja siempre va a haber un conflicto en la pareja. Segundo, que te guste, que te sea atractivo, no importa lo que piensen los demás. Tercero, que no sea infiel. Cuarto, por supuesto, que te quiera y quiera a tus seres más queridos".

El asunto es entender que el problema tiene una sencilla solución: el éxito no radica en hallar a la persona de tus sueños sino en aprender a amar a quien hemos encontrado. ¿Por qué? ¡Porque el hombre ideal no existe! Y sucede que luego de un tiempo de convivencia desaparece el glamour y sólo queda lo insoportable de lo que es lo exquisito fallido.

Príncipes azules en problemas

Cuando hablo de todas las cuestiones anteriores muchos hombres dicen estar en desacuerdo con lo que les sucede pero pocos dan su nombre y apellido. Raúl Roque no tiene miedo en darlo. Físicamente atractivo, divorciado, con oficio a la construcción y quien paga mensualmente un *child support*, o pensión alimenticia, por dos hijos, asegura que los príncipes azules por ser honestos se meten en problemas.

"Yo soy un tipo educado, no hablo fuerte, no soy grosero con las mujeres sino todo lo contrario, me gusta cortejarlas, soy romántico, en fin. Sin embargo para muchísimas no reúno los requisitos de 'príncipe azul'. ¿Por qué? Bueno, porque la realidad juega en mi contra. Muchas, en lugar de fijarse en las cualidades de la persona, únicamente tienden a enamorarse de quien les brinde un estatus social y ni siquiera le dan ni se dan la oportunidad de conocer a una persona si éste no tiene económicamente ciertos requerimientos cubiertos. En cuanto me ven que llego en una camioneta pick-up y les digo que me dedico a la construcción por mi cuenta y no les hago historias de millones pa'arriba y millones pa'bajo, huyen aunque no las dejo que paguen absolutamente nada si las invito a comer o a tomar una copa. Las cosas son peor en cuanto les explico que dos semanas al mes soy padre soltero pues tengo a mis dos hijos pequeños conmigo. Ahí ya no cuenta que inicialmente hayamos tenido química, la mayoría incluso sin cortesía alguna se va. Entonces, el asunto ese de que las mujeres conozcan o no a los príncipes azules también está limitado por muchísimas otras razones que no tienen que ver con la calidad moral de uno".

Los pequeños grandes detalles

Independientemente de lo que le sucede a muchos hombres que tienen en el problema económico un punto más que válido, a través de la experiencia de amigas me he dado cuenta de que decidir quién será el príncipe azul equivale al mismo acto de escoger al cirujano plástico a quien le vas a confiar tu rostro o tu cuerpo: con el médico, lo primero que exiges es que sea el mejor, alguien de entera confianza, alguien con quien haces "clic" instantáneamente. Si tienes dudas, de inmediato lo dejas porque después de la operación esos "pequeños defectos" se convierten en grandes e insalvables.

Lo mismo sucede con tu príncipe azul. Lo que al principio puedes ignorar de él, tarde o temprano ese "defectito" se va a convertir en el obstáculo más insalvable de la relación. Esa es una ley no escrita al igual que la siguiente.

Encontrar al "hombre ideal" de inmediato nos pone contra la pared porque "ideal" viene de la palabra "idea", que condiciona, y eso es algo totalmente diferente a compartir. Por tanto, al buscar cualidades en tu futura pareja habría que tener en cuenta que la mejor relación es aquella en la que los dos comparten cosas porque, dicen los que saben:

> *La verdadera pasión es el resultado de lo que en pareja se comparte.*

Y eso no hay que olvidarlo.

No luches contra corriente

Uno no debe luchar contra corriente ni tampoco desatender las llamadas de atención instintivas. En más de una ocasión, ha sido el instinto el que me ha prevenido de tal o cual cosa con un pretendiente. Y me pasa a mí y nos pasa a casi todas; generalmente fracasamos en el intento porque nadie cambia por nadie, sólo se puede modificar el carácter y por razones muy especiales. Estas podrían ser, entre otras, que no quieran perderte y que debido a eso recurran a profesionales para controlar su comportamiento, como por ejemplo, tomar terapias para manejar la ira, para controlar el alcoholismo, para controlar conductas obsesivas que se tratan con medicamentos, es decir, para casos específicos, pero donde hay malos hábitos un cambio permanente en la personalidad es muy difícil.

¿Un ejemplo? La infidelidad. Contra eso no vas a poder nunca, a menos de que llegues a dominar completamente tus celos o tengas un nivel de seguridad en ti misma taaan grande y a prueba de balas, lo que generalmente se pierde cuando amas y te entregas sentimentalmente a otra persona. Conozco casos donde el infiel viene por un lado y la pareja del infiel decide no verlo, no investigar, no buscar y se voltea para el otro lado, de manera que ni ve, ni la ven. Son muuuy pocos los casos, pero existen y ellas al final han ganado por la perseverancia y los ojos ciegos con oídos sordos que emplearon, ¡algo que sin lugar a dudas requiere un valor y una decisión de otro mundo! Por esto es que luchar contra corriente es doloroso, agobiante y, al final, si no sabes pelear, es frustrante porque las estadísticas están en tu contra y te advierten que saldrás perdiendo. Irónicamente la solución es fácil de pensar y dificilísima de poner en práctica: entra en razón y déjalo ir.

Los príncipes apasionados

Con todos estos pronósticos, ¿cómo queremos que piense el hombre de nuestros sueños? El príncipe azul deberá siempre pensar en el amor no como algo pasado sino como presente, sabiendo que en la mayoría de los casos, ante los problemas, lo que hace que una relación sobreviva es entender que puede morir una ilusión o una fantasía, pero no el amor, porque por el amor se lucha.

Tú eres una princesa de cuento de hadas

Para que encuentres a tu príncipe, recuerda que tú también tienes que ser una princesa. Las princesas de los cuentos siempre son atractivas, dulces, generosas, piadosas (por eso es que los príncipes se enamoran de ellas). Así debes ser tú, o por lo menos deberías intentarlo, de otra forma el asunto de pescar un príncipe se volverá de lo más complicado.

Y como princesa, para encontrar a tu príncipe, tienes que estar siempre alerta y pensar que nunca sabes cuándo puede suceder. Entonces, cuando en tu camino veas a una rana, detente a pensar si la besas o no (por aquello de que se convierta en príncipe), y si es príncipe pero no tiene ni palacio ni carruaje, date la oportunidad de conocerlo para después de eso, aceptarlo o descartarlo. No olvides que esta parte de tu vida sentimental siempre será como un gran cuento de hadas que tú escribirás basándote en algo que es fun-da-men-tal:

Dios determina quién llega a nuestra vida...
En nosotros está decidir a quién dejamos entrar y
a quién dejamos que se marche, pero sobre todo...
en nosotros está la decisión de escoger a aquella persona
¡a quien nos rehusamos dejar ir!

¿Entonces? Sólo sigue tus instintos y ¡ya!

Para recordar…

- El príncipe azul moderno debe tener trabajo, te debe gustar a ti y te debe ser fiel. Mi amiga Laura García añade: debe querer también a tus seres queridos como a ti.

- No descartes a ningún candidato a príncipe azul porque sea humilde o no tenga dinero. Conoce las razones de que no tenga palacio ni carruaje antes de desecharlo.

- No ignores los defectitos de tu futuro príncipe azul porque después serán obstáculos insalvables.

- No luches contra corriente para tener a tu príncipe azul; podrías estar peleando por lo que no te conviene.

- Dicen que la pasión verdadera es el resultado de lo que en pareja se comparte. Tu príncipe azul deberá saber que por el amor se lucha.

- Tu vida sentimental es como un cuento de hadas donde ¡tú y solamente tú tienes que escribir la historia!

- El éxito no radica en hallar a la persona "de tus sueños" sino en aprender a amar a la persona a quien hemos encontrado.

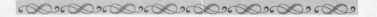

23

Recetas contra el desamor

Jorge Ramos lo dice y lo dice bien: "El papel lo aguanta todo Collins, por eso puedes escribir lo que quieras, como si quieres contar todo, como si no quieres hacerlo, eso es cuestión tuya".

Recordando a Jorge me dije: si no vas a decir nada de lo verdaderamente difícil que has vivido, entonces, ¿para qué hacer un libro donde supuestamente cuentas cómo lo hiciste "porque quisiste, porque pudiste y porque se te dio la gana"? No, Collins no.

Hasta ahí llegaron mis prejuicios. Me senté en la computadora y los dedos se deslizaron rápidamente en el teclado. Esto sólo me ocurre cuando escribo algo que me interesa, que me gusta o que es doloroso pero muy especial.

Así era aquel día de verano de 2008 porque las páginas de la computadora se fueron llenando de tristes motivos. De pronto, y sin darme cuenta, vi que llevaba por lo menos cuatro hojas a doble espacio con cosas escritas, una por renglón, por las que yo no debía continuar con aquella relación que me daba solo angustia y soledad compartida.

Mientras escribía hechos y solo hechos, me di cuenta literalmente de lo que materialmente era visible pero que yo había encubierto ante los ojos de los demás con excepción de Antón, mi hijo, que desde siempre supo lo que pasaba: "aquello" había dejado de funcionar por múltiples razones.

Había cosas evidentes, pero a la que más miedo tenía era a aceptar que si la relación tenía que acabar entonces tendría que ser yo quien lo hiciera, porque de su parte todavía habría esperado a que transcurriera un tiempo para hacerlo. Por tanto, el trago amargo y la decisión eran míos, pero ¿cuándo y cómo hacerlo? ¿Y el dolor de sufrir cuando hacía tan poco había salido del túnel?

La cultura del miedo

La gente piensa que a quienes trabajamos en la televisión no nos pasa nada malo y no hay nada más equivocado porque los que trabajamos en ella ni somos más bonitos, ni más flacos, ni inmunes al dolor, ni al abandono, somos exactamente igual a todos los demás. Si así fuera, ten por seguro que yo traería cargando un televisor a cuestas para que me protegiera de sufrir.

Precisamente al dolor y al abandono era a quienes yo más temía al romper la relación de pareja, y me di cuenta de que me sucedía porque vivimos en una cultura de miedo. Tenemos miedo a sufrir, tenemos miedo a llorar, tenemos miedo al dolor, tenemos miedo hasta de tener miedo. Además, todo esto nos pasa más a menudo y en ocasiones sin control porque también tenemos las soluciones al alcance de la mano con tan solo llamar al médico y hacer una cita, y ahí nos dan pastillas para la depresión, para la angustia, para la ansiedad, para el estrés, y ya ni qué decir de las pastillas que hay para toda clase de dolores.

¿Qué ha provocado todo esto? Simple y sencillamente que innecesariamente evitamos que nuestro cuerpo viva emociones para las que está diseñado, siempre y cuando sean en cantidades y por motivos dentro de los parámetros normales y cuando algo nos sucede no sabemos cómo reaccionar, o peor aun, nos desquiciamos pensando qué hacer sin encontrar una respuesta.

No tengas miedo a sentir nada de esto. No lo tengas, que no va a pasar nada que no puedas soportar. A pesar de todo, pensaba y me atormentaba porque tendría que vivir la ruptura, pero me enfrenté a mí misma a pesar de que por momentos mi mente, es decir, "la loquita de mi casa", me saboteaba confundiéndome con pensamientos como estos: "Han sido muchos años de pérdidas y sufrimiento para enfrentar otro más. ¿Vale la pena volver a sufrir?".

Tuve que jalarme las orejas y decirme, ¡Aló, Collins! ¿Dónde andas que no te das cuenta de nada? Es que al fin, como buena Taureana, porque soy Tauro, Tauro y recontratauro, no me dejo vencer, me empecino, soy terca para todo, incluso para lo que no sirve y siempre creo que voy a cambiarlo todo, además de que sí, debo confesar que en ese entonces todavía me importaba mucho el "qué dirán los demás". Y eso era como un sedante más para no tener que vivir el dolor de una situación.

¡Que te importe un cuerno el "qué dirán"!

Seguí pensando así hasta el mismo día en que me harté de estar soportando cosas que ni debía ni podía aguantar más. Entonces decidí mandar al cuerno a todos. ¿Quién me ayuda a pagar las cuentas el día quince y el día treinta? Nadie, absolutamente nadie que no se llame María Antonieta Collins. ¿Entonces? A pelear siguiendo el consejo sabio de mi amiga Angélica:

> *Siempre que vayas a terminar una relación, piensa como una reina, como la reina Isabel de Inglaterra, y ¡pórtate como una reina!*

¿Cómo se porta una reina?

"Habla bajito, Collins", me dijo mi amiga. "No digas nada que no tenga que ver con tu decisión, no recrimines inútilmente y míralo de frente, con la cabeza muy en alto, y recuerda que tienes puesta la corona de la reina".

Angie tuvo razón. Eso desconcierta a los hombres que piensan que se van a encontrar con una mujer que les llore, que les ruegue que no la dejen o, por el contrario, con una histérica que les grite, los insulte o los ofenda. Aunque pienses que es difícil lograrlo, sin embargo es lo más sencillo de realizar. Sólo requiere clase y voluntad para hacerlo.

"Esa es una historia de desamor que todas hemos vivido",

me dice Milena González, una amiga que las ha vivido en carne propia. "Pero tienes que pensar en que era la lección que te faltaba por aprender y que por tanto debes darle gracias a Dios por haberla vivido con todo el sufrimiento que pudo traerte porque significa que no vas a permitir que se repita, y significa también que a pesar de todo, no has dejado de amar porque nadie te ha quitado esa capacidad".

Ella misma, víctima de la infidelidad de una mala amiga que terminó con su matrimonio, siempre mira las cosas con optimismo.

"De lo que me ha pasado he aprovechado las experiencias, por eso he aprendido que si yo no soy en la vida de un hombre lo más importante, entonces no tengo nada que hacer con él. ¡Entonces él no me hace falta! Lo verdaderamente esencial es que hay que pensar que no fuimos relegadas, sino que hemos aceptado que estamos en la transición del amor. Los que perdieron fueron ellos, nosotras no. Hay que pensar que nosotras seguimos viviendo al compás de espera del amor".

Esta es la reflexión de Milena González, pero ¿en qué terminó mi historia? Ah, en que luego de sufrir unas cuantas semanas, pero siempre rodeada de mis mejores amigos que nunca me dejaron cuando los necesité —Angie, Ivonne, Willy, Mauricio, Omar— llegué a una conclusión: esto me sucedió en pleno verano, lo que significa que para noviembre y diciembre, los meses de las fiestas, yo ya estaré recuperada del mal de amores. Si no lo hubiera hecho entonces y me sucede por esa época (sin lugar a dudas la peor para perder novios o trabajos), las cosas entonces hubiesen sido mucho peores. Tuve razón. ¡Llegaron las fiestas de fin de año y yo en paz y en libertad de irme para donde se me antojó, tan fresca y rozagante como una lechuga! Y eso no tiene precio.

Recetas para curar el mal de amores

Como si fueran recetas de cocina, te doy estas soluciones caseras para el desamor, por si llegas a necesitarlas. Quienes las han probado dicen que les ha ido de lo mejor.

Carmen Jara

Mi amiga, la súper buenísima cantante, alguien con quien concuerdo en que a pesar de ser mexicanas se nos dan los amores caribeños y quien, a pesar de un par de descalabros de ese tipo, no quita el dedo del renglón, dice que las cosas pueden ser más sencillas para no sufrir tanto.

"Una es la culpable de muchas relaciones que no funcionan y eso hay que reconocerlo para poder curarse del mal de amores. Es un error de nosotras mantener una relación que no funciona. Una se da cuenta y rapidito le echa la culpa a los hombres, pero la culpa es sólo nuestra: por tontas. La historia de muchas mujeres es la misma: todas inventamos nuestros príncipes, los imaginamos, los creamos como si fueran perfectos, pero en el momento de la convivencia, en el momento en que entra la realidad y se les cae el traje, ¡fuácata! Ahí se acabó todo.

"Para que no duela tanto el corazón hay que pensar que en la vida todo es relativo. Una nunca sabe lo malo que puede pasar hasta que nos ocurre en carne propia. Como dice mi mamá: Nunca sabemos lo que no funciona hasta que nos pasa. No hay que olvidar eso, ni olvidar que si las cosas van bien en un principio, eso no garantiza que van a seguir así. Es tan sencillo como el dicho aquel: Escobita nueva barre bien. El chiste es adivinar lo que viene después".

Milena González

"Chica, todas las mañanas me levanto, me veo en el espejo y me repito: ¡estás bella! ¡Puedes amar a cualquiera! ¡Eres una gran mujer! ¡Eres independiente! ¡Te ves preciosa! Y no te imaginas cómo hacer esto te sube el ánimo y poco a poco te olvidas de quien te hirió. Finalmente, cuando me preguntan qué tipo de amores hay que buscar, yo les digo que debe de ser sólo uno: el amor platónico. Sí, porque él tiene que poner la plata… ¡y tú el tónico!"

Blanca Telleria

"Un clavo saca al otro… o si no, por lo menos lo mueve a un lado".

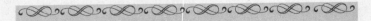

Para recordar…

- Es mejor dejar a que te dejen, así que decídete y toma la delantera.
- No vivas en la cultura del miedo. Pierde el miedo a sufrir, llorar, deprimirte, sentirte triste. Tu cuerpo está diseñado para soportar sufrimientos normales. No los evites porque el proceso de sanación se demorará. El luto no puede evitarse.
- ¡Que te valga cuerno el qué dirán de ti!
- Para terminar con una relación amorosa, pórtate como una reina.
- Haz una lista de las cosas por las que tienes que terminar la relación y léesela.
- Mira de frente, no grites, no recrimines inútilmente y no olvides mantener la cabeza en alto porque llevas puesta tu corona de reina.
- Utiliza la receta que más te guste para curar el mal de amores, y sigue adelante que algo mejor te espera.

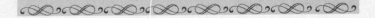

24

Ciberaventuras

La plática entre mis dos hijas me quitó el sueño. Antonietta desde mi oficina en casa hablaba a Ohio con su hermana Adrianna. No me hubiera enterado de su conversación de no ser porque Antonietta había puesto la llamada en la bocina que amplifica el sonido. Era de noche y me llamó la atención aquello tan misterioso de lo que hablaban como en clave.

"Adrianna te dije que ya me cansé de estar respondiendo los correos que mandan de Texas y California. Además, ya sabes que mi español no es bueno y que tengo muchas faltas de ortografía, entonces, ya no seas floja y tú también ponte a contestar porque yo ya no puedo".

Adrianna, enojada con su hermana menor, no prestaba atención a lo que ésta le decía, sino aparentemente a algo que Antonietta recién había hecho:

"Ya ni sigas, pusiste una foto donde se ve de cuerpo completo, ¿no te dije que no debían reconocerla? ¡Ahora sí que si nos cacha en lo que andamos, yo primero me doy por muerta, porque nos va a matar si se entera!"

Mi curiosidad no tuvo límite y me levanté de mi recámara que da frente a la oficina y las sorprendí preguntándoles: "¿De qué me tengo que enterar que voy a matarlas?"

Adrianna dijo:

"Buenas noches a las dos" y colgó la llamada no sin antes decir:

"Jefecita, ahí que te explique mi hermanita, que yo me voy".

Antonietta hecha una maraña de nervios no sabía por dónde empezar.

"¡Ay, mamá, perdónanos! Lo que pasa es que te hemos visto triste y creemos que es tiempo de que conozcas a alguien de verdad, bueno, no como el anterior…"

Mi preocupación entonces se volvió ternura.

"Y, ¿por qué podría enojarme de que estén preocupadas por eso?"

Antonietta que seguía frotándose las manos, sin mirarme de frente decidió terminar con aquella "tortura" que guardaba en secreto.

"¿Recuerdas que en muchas ocasiones mi hermana y yo te hemos preguntado que si te interesa conocer a un ingeniero que es amigo de Adri, o un técnico de computadoras, o a otra persona que vive en Texas y que te quiere escribir para tener un *date* contigo?"

"Sí", respondí. "Y les dije que no, por tanto, todavía sigo sin entender nada".

"Bueno, resulta que se nos ocurrió inscribirte en un servicio de *cyber dates* y las personas de las que te hablábamos que querían conocerte eran los que escribían y nosotras los investigábamos para ver si eran pretendientes buenos o no... No eran conocidos míos, ni de Adrianna, ni de su esposo, ni de sus suegros..."

No supe si llorar o gritar.

"¿Me quieres decir que lo que tu hermana y tú han hecho es buscarme novio por Internet? ¿Están locas? ¿Cómo pudieron hacer eso a mis espaldas? ¿No se dan cuenta de que yo no puedo hacer algo semejante? ¡Dios mío! ¿Y si algún periodista encuentra eso? ¿Imaginan qué escándalo provocarían? ¡Un momento! ¿Han puesto una foto mía en ese sitio?"

Antonietta movió la cabeza afirmativamente.

"Sí, pero no te preocupes porque no te reconocerían porque es del tiempo en que estabas gordita. Buscamos una de cuando fuiste al Amazonas a un reportaje y te ves cubierta por la vegetación. El problema es que recién cambiamos la foto porque los pretendientes querían verte más de cerca, y en esa sí eres más, dijéramos, visible".

¡Mis gritos se escucharon de Miami al Amazonas! Le marqué a Adrianna a Ohio de inmediato:

"Fíjate lo que te digo Adriannita... ¡En este mismo instante me quitan del lugar ese donde me han puesto buscando novio!"

Adrianna como siempre que hace "una de las suyas" muy tranquila me respondió:

"No te preocupes Jefa, que fue lo primero que hice apenas colgué el teléfono. Ya tu anuncio no existe. Perdónanos, en verdad lo que tratábamos es que algún día pudiéramos presentarte a alguien que valiera la pena porque ¿cómo vas a conocer gente si no sales nunca a ningún sitio? Eres aburrida. Tú no vas a a un *happy hour*, no tienes más actividades que tu trabajo que te quita todo el tiempo, o tus libros o tus artículos, y el tiempo que te sobra lo empleas en tus clases o en los animalitos, ¿dónde y a qué hora vas a tener un *date* por ti misma?"

"Además", intervino Antonietta, "no pusimos tu nombre completo, sino el tuyo pero disfrazado, y en tus características advertíamos que eras alguien muy espiritual y trabajadora. La verdad mamá, *please*, perdónanos".

Poco a poco comencé a recuperar la calma, aunque decidí que como eso podría llegar a tener consecuencias en manos de alguien que no entendiera la forma en la que realmente habían sucedido las cosas, tan pronto como al día siguiente, personalmente se lo conté a mis jefes y compañeros de trabajo que ¡se morían de la risa con la ocurrencia de mis "retoñitos"! Nunca olvidaré la cara de asombro de Mónica Noguera quien únicamente me decía: "¡No puedo creerlo! ¡Es increíble!".

La verdad es que la "Ciberaventura" en mi caso no prosperó porque no soy la candidata ideal para eso, pero mis hijas tenían razón: los sitios de Internet que se dedican a hacerla de cupidos, siempre que se manejen con prudencia y sobre todo con sentido común, son un buen lugar por lo menos para comenzar amistades. Conozco a una ex colega de trabajo que ha encontrado una profusión tal de amores por la computadora, que le hubiera sido imposible conocer de otra forma. Pero todo es, repito, utilizando siempre el sentido común, porque las bondades de la tecnología también encierran innumerables peligros.

No todo lo que brilla es oro

Cecilia Alegría, "la Doctora Amor", es uno de los personajes más pintorescos que *Cada Día* me dio la oportunidad de conocer. Menudita, siempre sonriente, cubana peruana de origen, nunca parecería haber pasado tantas cosas dolorosas en su vida porque mantiene siempre una actitud positiva. Un buen día, antes de comenzar su segmento en el programa, Cecilia me confió que era viuda de un hombre maravilloso al que la guerrilla del Sendero Luminoso en el Perú había secuestrado y asesinado. Como viuda ha mantenido a sus hijos y ha hecho una carrera con sus investigaciones sobre cómo relacionarse amorosamente por Internet. Hablar con Cecilia siempre es un agasajo, y no fue la excepción el día que nos contó que estaba ella misma *dating* en forma cibernética.

"Lo importante es que nazca una amistad, que intercambien correos, que se conozcan bien de esta forma. Yo recomiendo que ese periodo de conocerse en los *chats,* es decir, en las pláticas por Internet, nunca sea mayor de dos semanas. Dos semanas a lo sumo es lo que deben esperar para verse personalmente y aquí sí que hay que tener mucho cuidado. Hay que recordar que la gente puede escribir cualquier cosa sobre su persona y eso no es necesariamente cierto. También hay que tener cuidado de no dar de ninguna manera ningún dato confidencial hasta no estar completamente segura de la otra persona. Nunca, repito, nunca puedes dar tu dirección o tu teléfono o cualquier otro dato personal que lleve a que te localicen por la misma web. Yo conozco casos muy bonitos de historias de amor de personas que se encontraron de esta forma, pero hay otras historias que dan miedo. Lo mejor del juego, si no estás convencida o convencido… es no jugarlo".

Es sólo un almuerzo

Si las cibercitas vía Internet son una opción para muchas y muchos (la prueba es que los sitios que las promueven crecen y crecen), lo cierto es que para otras personas, esa no es una opción. Se trata de personas con cierto nivel económico, profesionales de todo tipo o simplemente gente discreta, anónima, que no les gusta frecuentar bares, discos y fiestas para conocer a otros y que ni siquiera pensarían en aceptar que su foto y sus datos anduvieran dando vueltas por el ciberespacio. ¿Hay algo que pueden hacer esta categoría de solteros y solteras?

Supe de *Just Lunch* (Sólo un almuerzo) y otros sitios similares por una amiga que luego de haber visto un reportaje sobre este sistema para conocer a otras personas, ella misma se inscribió en esa aventura.

"Mira, por lo menos estoy haciendo cosas que de otra forma no tendría la oportunidad de hacer. Estos sitios son muy profesionales y esa es la primera característica que deben tener: profesionalismo. Sólo se utiliza el Internet para inscribirse, lo demás es por teléfono y la primera cita para conocerte y llenar tu cuestionario es en persona en la oficina. Cobran una cuota que no es barata, pero eso mismo les sirve de filtro. Si una persona no puede pagarla, entonces no tiene el nivel económico que ha descrito en el cuestionario. Se verifican los datos más esenciales, por ejemplo que sean hombres y mujeres libres, divorciados, viudos o solteros".

Suena interesante, ¿no? Las encargadas tratan de encontrar en su lista de clientes a alguien que sea compatible, lo que no les toma más de una semana. Las preferencias descritas por cada individuo abarcan idioma, ciudad donde residen, un rango de edad aceptable, en fin, toda una serie de detalles. Cuando se ha seleccionado a los candidatos, ellas mismas llaman a cada uno de los interesados y les hacen una cita en ciertos bares y restaurantes previamente seleccionados por la oficina y que reúnen condiciones de seguridad para todos. Cada uno sólo recibe el primer nombre de la otra persona con quien se va a encontrar. No hay apellidos, ni números telefónicos, ni mucho menos direcciones, ni fotos o datos extra.

Si la cita no puede realizarse a la hora del almuerzo, entonces, del mismo servicio arreglan una cita para tomar una copa a la salida del trabajo. ¿Cuál es la diferencia entre esto y una cita a ciegas tradicional? Algo interesante. Aquí verdaderamente sabes que la persona que estás conociendo está soltera, que tiene afinidad con las cosas que a ti te gustan, que tiene un nivel de vida como el tuyo o superior, y esas son condiciones buenísimas para por lo menos hacer un buen amigo. Por otra parte, si el candidato no te satisfizo, al día siguiente cuando de la oficina te llaman para preguntarte como fue la cita, simplemente les pides que te busquen a otra persona.

"Antes", dice mi amiga, "muchas noches entre semana y los fines de semana me quedaba en la casa encerrada viendo televisión. De esa forma nunca iba a conocer al hombre de mis sueños. Ahora salgo y me divierto y sigo conociendo gente".

Encontrar a tu media naranja de esta forma es fuera de lo común y resulta costoso, pero, a fin de cuentas, si las cosas que valen la pena en la vida no costaran, cualquiera las tendría. ¿O no?

Ah, y para que no te quedes con la duda, con el tiempo no sólo perdoné a Adrianna y a Antonietta por haber intentado buscarme un novio cibernético sin mi consentimiento, sino que doy gracias a Dios de haberlas criado con un corazón generoso que quiere que todos sean felices, y eso es lo que ellas querían para mí. ¿El novio? Si existe, solito llegará. No tengo prisa por encontrarlo.

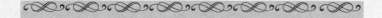

Para recordar...

- Los sitios cibernéticos de citas amorosas deben utilizarse con cautela y sentido común.
- Nunca des ninguna información que permita a un pretendiente indeseado localizarte. Tienes que ser precavida o precavido.
- Los servicios de citas como *Just Lunch*, o similares, puedes encontrarlos en la guía telefónica de tu ciudad o en la misma Internet. En esos sitios tienes que pagar una cuota. Te proveen con candidatos o candidatas sin que haya de por medio ningún intercambio de información o fotografías con la otra persona.
- A fin de cuentas, recuerden que el novio que te toque llegará cuando menos te lo esperes.

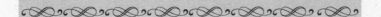

25

Aprende cosas nuevas

Quien pase por mi casa un viernes por la tarde y escuche la música de salsa que sale por las ventanas, lo menos que puede imaginar es que cada semana armo un pachangón, y esa fiesta no es para otra persona que no sea yo. Así le llamo a la clase de salsa que por lo menos desde hace dos años recibo de Zasha Morell, una instructora de baile dominicana que danza como los ángeles y, lo mejor, ¡enseña a bailar a las mismas patas de la mesa del comedor! O sea, yo.

Pocos podrían imaginar que, en realidad, esas clases de salsa van más allá del propósito de presumir en fiestas lo bien que bailo. Mis clases de salsa fueron idea de un médico amigo mío, en los momentos más amargos a finales del año 2006, y eso junto a otras cosas que me ayudaron entonces te puede ayudar a reinventar tu vida.

Todo comenzó con una plática entre dos buenos amigos y

ocurrió justo semanas después de haber enviudado. En realidad lo menos que yo quería hacer ese día del mes de diciembre era salir a comer con alguien. Lo único que me interesaba era lo contrario: encerrarme en casa.

Mi amigo insistió tanto en que saliéramos que no pude negarme y hasta el día de hoy no me arrepiento de haberlo hecho. La invitación venía del Dr. Carlos Ramírez-Mejía, un colombiano experto en neurología y una eminencia joven de la medicina en los Estados Unidos, de quien estoy orgullosa de ser su amiga y su paciente. En menos de lo que imaginé, aquel día nos encontrábamos sentados en la mesa de un restaurante que da a la bahía de Miami.

"Contrario a lo que hace la mayoría de la gente que se te acerca, que seguramente te dan consejos sobre lo que debes hacer para tu futuro, yo quería que salieras y vieras el mar. Fíjate qué enorme es y cuántas posibilidades encierra. Así podrías comenzar a planear tu vida, sin limitaciones y no en base a consejos, sino poniendo en práctica algunas ideas que son totalmente factibles".

Probablemente hasta que Carlos Ramírez-Mejía lea este libro no se va a enterar del gigantesco empujón emocional que me dio aquella tarde. Tenía semanas lamentándome de lo que me había pasado y eso, por supuesto, me estaba impidiendo pensar hacia dónde debería encaminarme porque el dolor ocupaba mi día entero. ¿Planear mi vida? Ni lejanamente podía pensar en esa palabra ni en lo que haría tan solo un mes después, ¡cuánto y más! a lo que me iba a dedicar en los siguientes tres, cuatro, seis o diez meses.

"No importa cómo te sientes hoy", me dijo Carlos, "de

cualquier forma eso va a pasar. Lo que no puedes dejar de hacer es imaginarte cómo será tu vida de aquí a tres meses, a ver, respóndeme, ¿que te haría feliz?"

Por supuesto que no pude contestarle nada porque no tenía la menor idea. Carlos no se dio por vencido y fue directo al grano.

"Estás pensando como una persona a la que se le está acabando la vida y eso no es así. La vida no se te ha ido, todo lo contrario, tú sobreviviste. La vida para ti apenas va a volver a comenzar, pero para que salgas adelante deberás pensar como los jóvenes. ¿Cómo son ellos? No tienen ataduras, y si las tienen son leves y por lo tanto las pueden dejar en cualquier momento. Los jóvenes no tienen equipaje emocional que les quite el tiempo pensando en ello. Los jóvenes ocupan su tiempo en aprender cosas nuevas y precisamente eso los mantiene más jóvenes. Piensa bien en aquello que te puede producir paz porque has soñado con hacerlo pero nunca has podido".

¡De inmediato le respondí!

"Piano. Tocar piano ha sido el sueño inconcluso de mi vida. Lo aprendí cuando niña pero lo dejé. Otro de mis sueños imposibles es bailar salsa, algo que nunca pude hacer porque siempre he sido un desastre bailando. Ahora te digo que ambas cosas son impensables porque ¿cuándo puedo hacerlo y a qué hora si apenas tengo fuerza para ir al trabajo y regresar a mi casa?"

"¿Ves que sí puedes pensar en algo nuevo? Las clases de piano y de salsa son algo totalmente posible de iniciar", me dijo Carlos. "Recuerda que vas a volver a estar en el mercado de gente activa, y para que tengas un sitio ahí tienes que reinventarte. Piensa cómo hacerlo, estudia, lucha, prepárate como lo hiciste cuando eras joven y nada de lo que quieras alcanzar se te va a negar… además, vas a rejuvenecer. Créemelo".

Fuera del Valle de los Lamentos

Salí de aquella comida sintiendo que podía volver a vivir. Decidí entonces que para entrar al mercado de gente activa debería intentar primero cambiar mis esquemas mentales muy viejos y desgastados. A partir de entonces mis retos fueron descartar las frases negativas como "¡ay, eso es muy difícil de aprender!" o "¡qué ridícula me veo tomando clases de baile!" o "¡qué pereza ir a la escuela a recibir clases de italiano!". Todo eso provenía de mi Valle de los Lamentos, y poco a poco fui sustituyendo cosas tristes con lecciones de piano clásico, que sigo tomando por lo menos una vez por semana, clases de salsa y más.

Estudia un instrumento musical o lo que más te gusté

He ido estudiando todas las piezas de música clásica y semiclásica mexicana que me encantaban cuando niña y me sirven como himno de inspiración. También me he impuesto retos: uno de ellos es tocar por completo el segundo movimiento del Opus 27 de Beethoven. Lo increíble es que esas nuevas actividades musicales me han ido rejuveneciendo el alma (y de paso los dedos de mi mano izquierda afectados por la artritis). Sentarme frente a mi piano, a quien de cariño llamo "macho" por lo fuerte de su tono musical, siempre es una experiencia inigualable. De inmediato al tocar el teclado siento y veo de lo que soy capaz de lograr con perseverancia y disciplina, y eso es uno de los grandes regalos de la vida que no hubiera logrado sin María Brown, mi profesora.

Con eso te quiero decir que para mí estudiar piano me ha brindado un escape y una inspiración inigualables y tú también puedes encontrar lo mismo estudiando lo que más te guste. La música toca en lo más profundo del corazón, pero si lo tuyo no es la música, pues busca algo que te llegue de igual manera, sea una clase para aprender a catar vinos, una clase de cocina, una de literatura, historia y más. Sea lo que sea, que te brinde inspiración y que te abra la puerta a cosas nuevas.

Baila o canta que eso aleja la tristeza

Un día en Puerto Rico mi amigo Josué Rivas me dijo algo que recuerdo muy bien: "¿Sabes por qué los boricuas tenemos siempre la alegría a flor de piel? Porque siempre que tenemos penas cantamos o bailamos. Hazlo siempre que tengas penas porque la música se encarga de desterrar a la tristeza".

Josué tenía razón porque las clases de salsa que me hacen menear el esqueleto me cambiaron el sentido de muchas cosas. Comencé poco a poco, y hoy, casi tres años después, sumo a mi repertorio por lo menos veinte pasos salseros, lo que me hace atractiva para mis compañeros de baile en cualquier sitio. Nunca más me quedo sentada viendo a los demás divertirse bailando. Ahora yo soy parte de ellos.

Así que baila o canta o exprésate de alguna manera, que eso ¡sana el alma y trae una alegría única!

El ejercicio termina con el siquiatra

Dicen que 3 millas al día te evitan terminar algún día en el sofá del terapeuta y creo que así es. Nada como el ejercicio.

Nunca me siento mejor que en las etapas en las que mi cuerpo está en sintonía con el ejercicio a diario. Salir a caminar no cuesta nada, y como el ejercicio es otra de mis metas y en dos o tres años más quiero participar en la maratón de Nueva York, entonces me compré una caminadora (estera o treadmill, como quieras decirle). Esa me sirve para hacer el mismo ejercicio por lo menos veinte minutos durante cinco días en aquellos días en los que por el clima o el horario no puedo hacerlo por el vecindario.

No dejes de hacer ejercicio. Es clave para tu salud y tu felicidad. No sólo te hará sentir bien por fuera, sino también por dentro. ¡No lo olvides!

Los idiomas nuevos

Es mentira que a un perro viejo no se le pueden enseñar nuevos trucos. El cerebro de un adulto también puede aprender nuevos idiomas. Es más, alguien me dijo que el cerebro envejece porque le estamos quitando la responsabilidad de realizar tareas que hoy en día realizan las computadoras.

Así que, decidida a cumplir otro sueño, mi última anexión son clases de italiano. ¿A qué hora? Por las mañanas, aunque me tenga que levantar más temprano. Hablar italiano es otra de mis metas. Fíjate como digo "es" y no "fue". ¿Sabes cuál es la diferencia? ¡Que estoy cumpliendo lo que me prometí, porque me da la gana!

No hay excusa que valga

Aunque no lo creas, siempre que te propongas regalarte ese tiempo, vas a encontrar el espacio para realizar las cosas. Yo pienso en mí y me pregunto si no valgo lo suficiente como para regalarme un espacio para mí misma. Generalmente mi respuesta es: sí. Así que no te des excusas, ninguna vale cuando de tu persona se trata. ¿Que no tienes dinero para hacerlo? ¡Por Dios, que en estos tiempos eso ya no es excusa! Basta con ver las actividades comunitarias que se publican cada mes en el periódico de tu ciudad para que encuentres por lo menos un par que te gusten. Investiga en la biblioteca pública, busca en Internet entre las miles de organizaciones que existen y que siempre ofrecen clases y actividades de todo tipo.

Piensa como lo haría cualquier joven exitoso que conozcas, y ¡decídete a revivir con cosas nuevas!, teniendo en cuenta que el éxito es una actitud mental, es una decisión mental y, por supuesto, la recompensa final de algo que se inició en tu mente. Aprende muchas cosas nuevas, ¡todas las que quieras! Y te vas a acordar de mí.

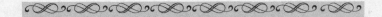

Para recordar...

- Si quieres entrar de nuevo en el mercado de gente activa para tener novios, pretendientes y amigos, tienes que pensar como los jóvenes: no cargan equipaje a cuestas y siempre están dispuestos a aprender cosas nuevas.

- Aprende algo nuevo para ti. Toma clases de baile, de canto, de piano clásico o popular, lo que sea que te haga sentir inspirado y feliz.

- La música aleja la tristeza del alma.

- No es cierto que perro viejo no aprenda trucos nuevos. Toma clases de idiomas, de cocina. Verás que son divertidas y que ¡sí puedes!

- Tres millas al día caminando alejan al siquiatra. Mejor dicho: ¡Haz ejercicio!

- ¡No hay excusa que valga cuando se trata de ti!

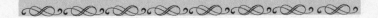

26

Más vale dar envidia
¡que dar pena!

No vivo en un exclusivo vecindario de Miami con canales donde atracan los yates, ni tengo como vecinos a los famosos a quienes persiguen los paparazzi. Vivo feliz en un vecindario de clase media y mis vecinos no pueden ser más encantadores y protectores de mi persona, porque al fin y al cabo todos tenemos por lo menos once años de vivir uno junto o frente al otro.

Tampoco tengo un gran jardín a la entrada, ni palmeras reales bordeando la puerta de mi casa; la entrada es como la de todos los demás. Te cuento esto porque el final de cada uno de mis libros siempre lo he escrito en un sitio que me sea especial. Uno pude escribirlo en las orillas del río Coatzacoalcos, la ciudad donde crecí en México, el penúltimo lo escribí en la misma recámara donde viví la historia de dolor y amor con Fabio. Entonces, ¿dónde escribir este?

No se me ocurrió nada hasta que pensé: ¡en la entrada de mi casa! Y rápidamente desconecté mi *laptop* y salí corriendo a sentarme en una banqueta que tengo al frente. Acerté porque de pronto mis dedos comenzaron a deslizarse frenéticamente por el teclado y pensé en Fabio, quien sigue ocupando la mejor parte de mis recuerdos.

Si él me hubiera visto se hubiera reído a carcajadas porque sus chistes favoritos siempre eran a mis costillas:

"Mira, algún día este vecindario de clase media se verá inundado de camiones de turistas paseando por los alrededores y los vecinos escucharán a toda hora por los altavoces: 'Esta es la casa de la famosa escritora María Antonieta Collins, es tan folklórica que si tenemos suerte la podremos ver sentada en la puerta de su casa escribiendo' ".

Así que para no defraudar a Fabio, con mi vecindario como paisaje y con Lancherita y Pepe Cabecita (dos de mis seis gatos) y Dumbo mi perro, simplemente me puse a escribir casi en plena calle ¡porque me dio la gana!

Porque te da la gana, ¡goza de tu nueva vida!

Un buen día a finales de diciembre de 2008, las cosas comenzaron a parecerme diferentes. ¡Ay, Dios mío, no podía descifrar la sensación! ¿Qué será lo que me pasa?, me preguntaba. Ya no tenía ansiedad si sonaba el teléfono, ni enojo cuando tenía dos o tres llamadas por contestar (ni mucho menos si tenía que hacer una docena más).

Era algo tan diferente a lo que estaba acostumbrada por años que lo percibí de inmediato, de la misma forma en la que me di cuenta también de que había comenzado a reír más y que sentí que Adrianna y Antonietta estaban encaminadas sin problema alguno y que Antón era feliz.

Poco después se me hizo realidad un gran sueño: mis finanzas finalmente estaban en orden y yo en control de las mismas. Pero había más. En casa todas y cada una de las cosas pendientes se habían cumplido: no había clósets ni sitios con cosas de más. Hice una enorme limpieza para deshacerme de todo lo que no utilizaba y al donar tantas cosas que pudieran servirle a otros me deshice del equipaje emocional que tanto peso me añadía diariamente.

Seis meses después de que mi vida se encontrara al borde de un precipicio, por el contrario, yo había cumplido mis metas de corto plazo y entendía como nunca lo que tenía que hacer en el futuro y lo que no. Ahora, al llegar la noche e irme a acostar y al apagar una a una las luces, recorro mi casa sin más miedo a estar sola. Sigue pareciéndome un milagro descubrirme a mí misma cada día, y no hay nada mejor que poder acostarme en mi cama a leer, a estudiar, a diseñar proyectos o simplemente a ver televisión sin tener que quedar bien con nadie.

Con esta escenografía, una noche de diciembre de ese mismo 2008, me encontré rezando un Padre Nuestro y dando gracias a Dios por todo lo que me ha dado, por todo, ¡hasta por lo que mis muy contados enemigos me habían hecho! Sentí que podía perdonar y esto me provocaba más paz. Y ahí sí que me preocupé enormemente. ¿Acaso esta calma tan grande estaba presagiando algo muy malo? ¿Quizá que me iba a morir? Me espanté tanto que de inmediato llamé a mi amigo Julio Bevione, quien al escuchar mi temor comenzó a reír.

"Lo que sucede querida", me dijo cariñosamente Julio, "es que finalmente has decidido comenzar a vivir una etapa de paz en tu vida como nunca antes, y no podías darte cuenta de esa sensación porque no tenías referencia. Las cosas han salido bien, incluso lo malo, eso también ha salido bien. Fíjate que hasta quien llegó a tu vida para luego marcharse sólo fue un puente que te permitió salir a la transición. Mírate ahora en comparación con el año pasado. Hoy tienes todo el tiempo del mundo y la inteligencia para ver lo que hay a tu alrededor y escoger o desechar lo que no te convenga. ¿Morirte ahora? ¡Eso sólo lo sabe Dios, lo único que yo sé es que ha comenzado tu tiempo para hacer las cosas que te vengan en gana! Además, no te quites méritos que nada de lo que has logrado ha sido casualidad: este medio año de tu vida en lugar de lamentarte y odiar lo has dedicado a construir y a reconstruirte. No botaste el tiempo a la basura, así que con mayor razón, ahora ¡a gozar de tu nueva vida!"

Julio Bevione tenía razón. Lo que me pasaba en pocas palabras era que no me acostumbraba a vivir sin problemas que solucionar. Hoy todo es distinto porque he aceptado las lecciones que me han tocado.

He aprendido a que sólo me importe lo que piensen de mí Adrianna, Antonietta y Antón. Por tanto, he aprendido a que no me importe el "qué dirán" de los malintencionados.

He aprendido que ni el tiempo, ni las palabras, ni las oportunidades pasan y vuelven.

He aprendido a entender y planear los cambios para dejar entrar la felicidad.

He aprendido a no repetir ante la injusticia ¿por qué a mí?, ¿por qué yo? y remontar el marcador en contra.

He aprendido a olvidar el "desear esto y lo otro" para ocuparme mejor en pedirlos y en luchar porque me lleguen.

He aprendido a no ser víctima ni a victimizarme.

Y para terminar este libro —que dicho sea de paso no pretende decirte qué hacer, sino lo que he hecho y que me ha funcionado— he aprendido un sencillo recurso que encierra toda una filosofía para enfrentar con fuerza lo que venga:

En esta vida, mi amiga, mi amigo, ¡más vale dar envidia, que dar pena!

Y punto final.

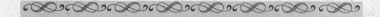

Para recordar...

- Aprende a aceptar las lecciones que te han tocado.
- Aprende a que ni el tiempo, ni las palabras, ni las oportunidades pasan y vuelven.
- Aprende a no repetir ¿por qué a mí? o ¿por qué yo? y remonta el marcador en contra.
- Aprende a entender los cambios para que dejes entrar la felicidad a tu vida.
- Aprende a dejar de desear tener "esto y lo otro" y empieza a luchar y a pedir para que se te den.
- Aprende a no ser víctima ni victimizarte.
- Nunca dejes de tener presente que, ¡más vale dar envidia... que dar pena!

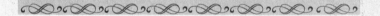

Mis frases para sobrevivir (repítelas sin miedo)

- No estás sola o solo, ¡estás libre!
- Si esto es lo que hay… ¡no es lo que yo quiero, ni lo que yo merezco!
- La inteligencia rebasa cualquier situación física.
- Dios toca lo suficientemente fuerte para que lo escuches, entonces, ¡no te pongas tapones en los oídos para no escucharlo!
- Nunca menosprecies el daño de una mala amistad ni lo compares con lo que tú nunca le harías a otra persona.
- Existen dos formas de ver la vida. Una, pensar que los milagros no existen. La otra, saber que todo en la vida ¡es un milagro!

- Yo puedo lidiar contra todo lo malo siempre y cuando sea con la verdad, ¡nunca con la mentira!
- Las cosas negativas a tu alrededor jamás dejarán que crezcan tus cosas positivas.
- Los amigos son ángeles que te ayudan a volar cuando tus alas se están rompiendo.
- El amigo Motivador es quien con sus actos, buenos o malos, te provoca el cambio.
- El amigo Inspirador es quien te sirve de guía para salir adelante en cualquier problema.
- La crisis es sólo un preámbulo al cambio más importante de tu vida
- Nadie debe saber ni cuánto ganas, ni controlar un solo centavo de tu dinero.
- Nunca te pelees con un jefe, que "arrieros somos y en el camino andamos" y nunca sabes cuándo tendrás que trabajar otra vez con él o ella.
- Piensa en la abundancia, que es la única situación en tu vida que puede vencer el miedo.
- Si el miedo domina a tu abundancia, entonces lo único que te queda es la sensación de escasez.
- Hay tres cosas difíciles de decir: "Perdóname", "Ayúdame" y "Te amo".
- No permitas que quien te humilla y te ofende, te destroce.
- Todas las pruebas de la vida te llevan a un tomar examen como ser humano. Únicamente en ti está la decisión de aprobarlo o rechazarlo.
- Hay que saber distinguir entre los amigos del

trabajo que tienes y los que son tuyos de verdad. Los verdaderos no te abandonarán nunca, ni les importa cuánto dinero tienes o dónde trabajas.

- Los malos amigos saben mucho. Luego de que nos dañan generalmente hacen algo bueno a nuestro favor, lo que sólo sirve para confundirnos más.

- El Karma es un una acción mental, verbal o física. Karma es también una buena o mala acción. Recuerda que todo lo que haces en la vida te volverá.

- No seas bueno porque quieras que te santifiquen, sino por el miedo a que lo malo que hagas ¡regrese a ti!

- No importa que se cierren puertas en tu vida, ¡eso significa que otras más van a abrirse!

- Los ciclos de la vida se cierran todos de golpe, después comienza a renacer tu nueva vida.

- Luego de haber terminado un gran proyecto y mientras decides empezar uno nuevo, mantente neutral que eso te permitirá decidir lo que más te convenga.

- Si conoces la fe, también tendrás fe en ti mismo más fácilmente que los demás.

- No te aferres a algo, que algo mejor te espera, y si te aferras no estás dejando llegar lo bueno a tu vida.

- Dios no nos da lo que nosotros queremos, sino lo que nosotros necesitamos.

- Siempre hay más cosas por venir que las que nos hicieron sufrir en el pasado.
- Deja el dolor atrás y vive tu vida feliz.
- Renuncia a ser la víctima en la telenovela de tu vida.
- Nada te turbe; nada te espante; todo se pasa; Dios no se muda, la paciencia todo lo alcanza. Quien a Dios tiene, nada le falta. Sólo Dios basta.
  —Santa Teresa de Ávila
- Conviértete en la Barbie del Medicare, es decir, que ni los años, ni las arrugas dañen tu vida.
- Esta muñeca ¡se va para otra juguetería!
- A mí hasta cuando me va mal, ¡todo me sale requetebién!
- ¿Miedo al dolor? ¡No hombre! Miedo a verme en el espejo vieja y fea.
- Una cirugía plástica duele, pero duele más la vejez sin remedio.
- Cerrar un capítulo de tu vida te enseña la diferencia entre "querer hacer" y "poder hacerlo".
- Llórate viejo, pero nunca te llores pobre, viejo y abandonado. —Rosita Rappoport, madre de Mauricio Zeilic
- No compres lo que no te hace falta hoy para que mañana no te veas obligado a vender lo que sí te hace falta. —Rosita Rappoport
- Nada de lo que nos sucede hoy es ajeno a algo que hicimos ayer.

- El hombre ideal no existe porque viene de una idea y esas vienen y van.
- Lo importante no es encontrar al príncipe azul, ¡sino aprender a amar a quien hemos hallado!
- Me la he pasado besando ranas esperando que alguna se convierta en príncipe.
- Dios determina quién llega a nuestra vida. En nosotros está a quién dejamos entrar, a quién dejamos salir ¡y a quién nos rehusamos a dejar ir!
- Es mejor dejar a alguien a que te dejen. Si sospechas que te va a suceder ¡toma la delantera!
- No vivas en la cultura del miedo. Pierde el miedo a sufrir, a llorar, a deprimirte, a sentirte triste. Nada te va a pasar. Tu cuerpo está diseñado para resistir.
- Cuando termines con una relación no olvides portarte como si fueras una reina. Las reinas no lloran, no gritan, no suplican, ni se mueven ¡para que no se les caiga la corona! —Angélica Artiles
- Aprende cosas nuevas, que un perro viejo ¡sí aprende nuevos trucos!
- Canta y baila para alejar la tristeza de tu alma.
- Haz las cosas porque quieres, porque puedes ¡y porque te da la gana!